PANDEMIC!

COVID-19 SHAKES THE WORLD

SLAVOJ ŽIŽEK

パンデミック／スラヴォイ・ジジェク

マイケル・ソーキンへ、——君がもういないと知ってはいるが、
私は、それを信じることを拒む

目次

序章　我に触れるな。

「我に触れるな」。ヨハネによる福音書二十章十七節によると、復活したイエスに気づいて近づこうとしたマグダラのマリアに、イエスがそう言ったとされる。キリスト教無神論者を自認する私は、この言葉をどう理解すればよいのだろうか。

まず、キリストの復活をどうやって知るのかという弟子の質問に対するキリストの答えと、この言葉を合わせて考えてみる。キリストは、信者の間に愛がある時には、いつも自分はそこにいると答えた。触れることのできる人としてではなく、人々の間の愛や連帯の絆として存在する。だから、「我に触れるな。愛の精神をもって他者に触れ、他者と関わりなさい」と。

しかし、今日、新型コロナウイルスの感染拡大の只中で、まさに我々は皆、他者に触れるな、自らを隔離せよ、適切な身体的距離を維持せよ、という呼びかけの集中砲火を浴びている。これは、「我に触れるな」という命令に対して何を意味するのだろうか。

両手を伸ばしても相手に届かない。お互いにアプローチできるのは、「内」からのみである。そして、その「内」に対する窓は我々の目である。今日、親しい人（あるいは見ず知らずの人でも）と出会い、適当な距離を置いて向かい合う時、相手の目を深く見つめることで、直接触れ合うこと以上に心を開くことができるのだ。ヘーゲルは、若いころの断片の中で書いている。

愛される者は、私たちに対立しているのではなく、私たち自身の存在と共にある。私たちは愛される者の中にのみ、私たち自身を見る。しかし、その時、愛される者はふたたび私たちではなくなる。謎、奇跡（ein Wunder）、私たちには捉えることのできないものである。

これら二つの主張を対立するものと読まない、つまり、愛される者が部分的に「私たち」、私自身の一部であり、また、部分的に「謎（riddle）」であるかのように捉えないことが重要である。愛の奇跡とは、あなたが私の捉えられない奇跡、あるいは私だけでなく、あなた自身にとっての謎であり続ける限りにおいて、あなたは私のアイデンティティの一部であるということではないか。もうひとつ、ヘーゲルの若いころのよく知られた一説を引用する。

> 人間というものはこの闇であり、すべてをその単純性の中に含んでいる空虚な無である。無限に数多い表象と心像を有するが、そのどれもがその人に属するものではないし、あるいは、実在するものでもない。人は人間の目を見る時、この闇の姿を捉える。

コロナウイルスとて、これを我々から取り上げることはできない。だから、身体的距離が逆に他者とのつながりの密度を高めるという希望がある。今、近しい人の多くを遠ざけなければならないが、私が彼らの存在を、彼らの私に対する重要性を、深く体験できるのは今だけなのだ。

この時点ですでに、皮肉めいた笑いが聞こえてくる。なるほど、たぶん、そのような精神的な近接の契機は得られるだろうが、今の破滅的状況にどう役立つというのだ。そこから何か学ぶことなどあるのかと。

ヘーゲルは、歴史から我々が学べることは、歴史から我々は何も学ばないということだけだと言った。だから、私もこの感染拡大が我々を賢くするとは思わない。唯一明らかなのは、ウィルスは我々の生活の基礎そのものを打ち砕き、途方もない量の苦しみを生むだけでなく、ことによると大恐慌よりひどい経済的大混乱を引き起こすだろうということである。もう平常への復帰はない。古い生活の廃墟の上に、新しい「平常」を構築しなければならなくなるだろう。

あるいは、気づいた時には、新しい野蛮状態の中にいるのかもしれない。その兆候はすでに明らかに見えている。この感染拡大を不幸なアクシデントとして扱ったり、さっさと影響を排除して従来のやり方の滞りない機能回復をめざしたり、医療制度か何かを少し修正するぐらいでは不十分だろう。そして、重要な疑問を持たざるを得なくなる。我々の制度の一体、何が間違っていたのか。科学者たちが何年も警告していたにも関わらず、不意打ちを食らって、こんな壊滅的な状況に陥るとは。

第一章　我々はみな、同じ舟に乗っている。

李文亮医師は、コロナウイルスの流行を最初に発信し、当局の取り締まりを受けた。彼はこの時代の真のヒーローであり、いわば中国のチェルシー・マニング、あるいはエドワード・スノーデンといった存在である。だから、彼の死によって人々の怒りに火がついたのも不思議ではない。今回の流行への中国政府の対応に対して当然予想される批判が、香港のジャーナリスト、ヴェルナ・ユーのコメントによく表れている。

「中国が表現の自由に価値を置いていたら、コロナ禍はなかっただろう。中国国民の表現の自由や、その他の基本的権利が尊重されない限り、同様の危機は必ずまた起きる。中国国内の人権問題など、世界の他の国々にはほとんど関係ないように見えるかもしれないが、今回の危機で目の当たりにしているように、中国が国民の自由を阻害すれば、これからも大惨事が起きうる。間違いなく、国際社会がこの問題をもっと真剣に考えるべき時が来ている[1]」

その通りだ。中国の国家機構の全体が、毛沢東が掲げた「人民を信ぜよ！」に反していると言える。むしろ現在の中国政府は、人民を信じるべきではない、人民は愛され、守られ、保護され、管理されるが、信頼はされないという前提で動いている。この不信は、環境保護運動や労働者の健康問題を扱う時の中国当局の姿勢を凝縮したともいうべきものである。

実際、中国当局はこれまで以上に、ある特定の手段に訴えることが増えている。すなわち、ある人（環境活動家や、マルクス主義の学生や、国際刑事警察機構《インターポール》の総裁や、宗教団体の伝道師や、香港の出版者や、人気の映画女優でさえも）が、二、三週間、忽然と姿消す。そして再び一般市民の前に姿を現す時には、裁判の被告にされているというパターンだ。

要は、この長い沈黙の期間がひとつのメッセージを伝えているのだ。有無を言わせない力が行使された、証明されるべきことは何もない、と。この基本的なメッセージが伝達される時、法的な理由づけは、ほとんど顧みられることはない。とはいえ、マルクス

1. https://www.theguardian.com/world/2020/feb/08/if-china-valued-free-speech-there-would-be-no-coronavirus-crisis

主義の学生たちの失踪は特異な事例ではある。他の失踪する人たちはすべて、その行動が何らかの形で国家に対する脅威になると見なすことができるが、この行方不明のマルクス主義の学生たちだけは、国家の公式イデオロギーそのものを踏まえて、自分たちの批判的な活動を理由づけていたのだから。

政党指導部にこのパニックめいた反応をとらせたのは、言うまでもなく、自己組織化のネットワークの亡霊である。学生や労働者のグループ間の直接かつ水平的なつながりから現れ、マルクス主義にのっとり、かつての党幹部らや軍の一部にすら共感を持つ。そんなネットワークが直接、共産党支配の正当性を根本から揺るがし、これは詐欺だと非難するのだ。当然の対応として、政府は近年、多くの「毛沢東主義者」のウェブサイトを閉鎖し、各大学のマルクス主義研究サークルを禁止した。今日の中国で最も危険な行動は、国家の公式のイデオロギーを真剣に信じることなのである。そして今、中国はそのような態度のつけを支払わされようとしている。

「制御できなければ、コロナウイルスの流行は、世界人口の約三分の二にまで広がりうる」とする、香港を代表する公衆衛生疫学者、ガブリエル・リャン教授は、

「新しい感染発生の不確実性に科学者たちが対処する一方で、国民は政府を信頼する必要があった」と指摘する。「だが、ソーシャルメディアの存在があり、そこではフェイクニュースも、本当のニュースも何もかもが混在し、信頼というものが全くない。それでどうやって流行と闘えるのか。今まで以上の信頼が、連帯感が、善意が必要な時なのに、そのどれもが、すでに完全に使い果たされてしまっている[2]。」

健全な社会には複数の声があるべきだ、と李医師は死を間近にした病院のベッドで語った。むろん、この多様な声を求める彼の切迫した要求は、必ずしも西洋的な複数政党制の民主主義を意味するのではなく、ただ、市民の批判的な反応が共有されるオープンな場所を求めていた。パニックを予防するために国家が流言をコントロールすべきだという考え方に対しては、そのコントロール自体が不信を拡散し、かえって陰謀説が増えるという反論が重要だ。その状況を未然に防ぎうるのは、一般の人々と国家の間の相互信頼だけなのだ。

感染流行の際には、強固な国家が必要である。都市封鎖のような大規模な方策は軍隊

2. https://www.theguardian.com/world/2020/feb/11/coronavirus-expert-warns-infection-could-reach-60-of-worlds-population

的な規律によって実行される必要があるからだ。中国は数千万人の隔離に成功したが、同じ規模の感染拡大に直面した時に、米国が同様の措置を強制できるとは考えにくい。自由主義者が巨大な群れを作り、武器を手に、隔離は国家の陰謀だろうと叫び、封鎖を突破しようとするのは想像に難くない。

では、もし表現の自由がもっとあったら、コロナウイルスの感染発生は防げたのだろうか。それとも、中国は世界を守るために、やむなく湖北省の市民の自由を犠牲にしたのだろうか。ある意味、そのいずれも正しいのだ。そして、さらに悪いことに、「良い」表現の自由と「悪い」流言とを簡単に見分ける方法がない。批判的な立場から、中国当局はいつも「真実を流言であるかのように扱う」と非難する時には、国営メディアやネットニュースの多くもすでに流言飛語だらけだが、と付け加える必要がある。

その強烈な実例が、ロシアの主要全国TVネットワーク、「チャンネル・ワン」にある。同局は「Vremya（時間）」という夜の主力ニュース番組の中に、コロナウイルス陰謀説だけを扱うレギュラーコーナーを設定したのだが、報道の姿勢が不明瞭で、陰謀説の誤りを暴くように見せながら、一片の真実が含まれているかもという印象を視聴者に残す。謎に包まれた西側のエリート、特に米国に、コロナウイルスの拡散の最終的な責任があるという彼らの主たるメッセージが、不確かな噂として広がるのだ。真実にしてはバカバカし過ぎるが、ひょっとしたら、ひょっとするのか……？[3] 本当の真実が曖昧なままでも、奇妙なことに、このメッセージの持つ象徴的な力は失われないのだ。

むろん、真実の全体を一般市民に伝えないことで、犠牲者が多数発生するパニックを効果的に予防できる場合があることも、我々は認めなければならない。が、そのレベルでは、問題は解決できない。唯一の解決法は、国民と国家機構の間の相互信頼であり、それは中国において甚だしく欠如しているものである。

同時に、世界全体に流行が拡大する中で、市場メカニズムだけでは、混沌と飢餓を防げないだろうと気づく必要がある。多くの人の目に「社会主義的」と映るであろう対策が、全世界レベルで検討されなければならなくなる。すなわち、生産と流通の調整を、市場という座標の外で行わなければならない事態が起きる。

ここで思い出すべきは、一八四〇年代にアイルランドを壊滅させたジャガイモ飢饉だ。数百万人が亡くなったり、海外移住せざるを得なくなったりした。市場メカニズムを信奉し続けた英国政府は、圧倒的多数が飢えに苦しむ段階でも、アイルランドからの食糧輸出を止めなかった。同様の残忍な政策が、今日では許されないものと信じたい。

3. https://www.bbc.com/news/world-europe-51413870

現在のコロナウィルスの流行を、H・G・ウェルズの『宇宙戦争（The War of the Worlds)』（一八九七年）の逆ヴァージョンととらえることもできる。このSF小説では、火星人に地球を制圧されたあと、打ちひしがれた主人公が表に出てみると、火星人が免疫を持たない地球の病原体によって、すべて死に絶えていたという結末になっている。「人類のあらゆる武器や策略は無効だったが、神がその叡智によってこの地球に創りたもうた最も些末な物が、彼らの破滅をもたらした」

面白いのは、ウェルズによると、彼がこの筋書きを思いついたのは、英国がタスマニア先住民に及ぼした壊滅的な影響について、弟のフランクと話していた時だという。英国がタスマニア人にしたことを、火星人が英国にしたらどうなるだろう、と。しかし、タスマニア先住民は、侵略者を打ち負かすような致死的な病原体は持っていなかった。[4]

おそらく、人類を全滅させるような脅威となる感染の流行は、ウェルズの小説を逆にしたものとして扱われるべきであろう。すなわち、情け容赦なく地球上の生命を利用し破壊し尽くす「火星からの侵略者」は、我々人類自身である。高度に発展した霊長類による自衛のためのあらゆる武器や策略は奏功しない。そして、「神がその叡智によってこの地球に創りたもうた最も些末な物」、ただやみくもに自己複製し、突然変異する馬

4. https://en.wikipedia.org/wiki/The_War_of_the_Worlds

鹿げたウイルスに、我々が今、脅かされているのだ。

　もちろん、コロナウイルスの感染が拡大した社会的な条件も、詳細に分析すべきだ。今日の相互に密接につながりあった世界では、一人の英国人がシンガポールで誰かと会い、イングランドに戻って、それからフランスにスキーに行き、そこで四人に感染させる。取り調べの列に並ばされるのは、いつもの札付きの容疑者たち、つまり、グローバル化、資本主義市場、富者の驕りである。

　しかしながら、現在の感染拡大を、何かもっと深い意味を持つものと思いたい誘惑には抗うべきだ。それは、地球上の他の生命に対する容赦ない搾取に対して、人類は残酷だが当然の罰を受けているのだといった考え方である。そのような隠されたメッセージを求めるなら、我々は、この宇宙をコミュニケーションの相手として扱うという前近代に留まることになる。

　確かに、我々は天罰を受けるとか、全宇宙が（地球外の誰かですら）人間の存在に関与しているとかいう考え方には、たとえ生存自体が脅かされる事態も、安心させる何かがある。自分たちは、一種、根本的な意味で重要なのだと思いたい。だから真に受け入れがたいのは、今起きている感染拡大が最も純粋な意味での自然の偶然性の結果であり、ただ発生したというだけで、深い意味など隠されていないという事実である。ものごとの大きな道理の中で、我々人類という種には、特別の重要性はないのだ。

　コロナウイルスが引き起こした脅威に迅速に対応して、イスラエルのベンジャミン・ネタニエフ首相は、直ちにパレスチナ当局に支援と協議を申し出た。善意や人道的配慮からではない。単に、ユダヤ人とパレスチナ人を分けられないからである。一方がやられると、もう一方の犠牲も避けられない。これこそ、我々が政治に反映させるべき現実である。

「アメリカ（いや、どこの国でも）・ファースト」の旗印は下すべき時だ。マーチン・ルーサー・キング博士が半世紀前に言っている。「我々はみな、違う船でやって来たかもしれない。だが、今、同じ舟に乗っている」。

第二章　何をこんなに、いつも疲れているのか？

新型コロナウィルスの流行拡大によって、日常の暮らしの中に二つの対照的な存在が生まれている。一方は、医療や介護に携わる、過重労働のため疲労の限界にある人たち。もう一方は、強制的あるいは自主的に自宅にこもり、何もやることがない人たちである。後者に属する私は、この厳しい状況の中、一種の義務感に駆られて、疲弊する理由の違いについて短い考察を示してみようと思う。強制的な不活発によって疲れるという明白なパラドクスはここではあえて無視し、ハン・ビュンチョル（Byung-Chul Han）の論から始めよう。彼は、我々がなぜ、どんなふうに「燃え尽き（バーンアウト）社会」に生きているのかについて、体系的な考え方を示した。同じタイトルの彼の名著[5]の短い要約を、恥じ入りながらも感謝して、ウィキペディアから引用する。

　我慢しろ、失敗するなという要求にあおられ、さらに効率化まで求められ、

5. Byung-Chul Han, The Burnout Society, Redwood City: Stanford UP 2015.

我々は「執行者」と「犠牲の提供者」の両方になって、区分と自己搾取と虚脱の混沌に迷い込む。「生産が非物質的である場合には、生産手段は誰もがすでに持っている自分自身である。新自由主義の制度は、もはや正確な意味での階級制度ではない。相互に敵対を露にする階級で成り立っているわけではないからだ。だからこそ、この制度の安定性がある」。ハンは、主体が自己搾取者になると指摘する。「今日、誰もが〈自らの企業の自己搾取する労働者〉である。一人の人間が主人であり、同時に奴隷である。階級闘争でさえ〈自己に対する内的闘争〉に姿を変えてしまった」。個人は、ハンが呼ぶところの〈成果主体〉になった。つまり、個人は自分が虐げられた〈主体（subject）〉であるとは考えず、むしろ「常に自分を改造・改革する〈事業（project）〉だと考えるのだ。そのことが「一種の強制や制約、言い換えれば〈より効率的な主体化や服従〉になる。〈事業〉は、自らは外部からの異質な制限を受けていないと思っているので、〈私〉は内部の制限や自主規制に服従していることになる。それが、強迫的な成果や最適化の形として表れている。[6]

6. https://en.wikipedia.org/wiki/Byung-Chul_Han

ハンは、主体化の新しい様式について明解な観察を示しており、学ぶところが多い（彼は、今日の超自我の姿を捉えている）が、いくつかの重要な点を強調しておきたいと思う。

ひとつは、制限や制約は、内的であるとは限らないという明白な点である。特に新しい「知識」階級には、厳格な新しい行動のルールが課せられているからである。「政治的な正しさ」という制約を考えてみるとよい。この制約は、「正しくない」誘惑に対抗する「自己との闘争」という特殊な領域を形成している。

あるいは、外的制限の例として、次の事例を挙げよう。数年前、映画監督のウディ・アロニがパレスチナ人のグループ「ジェニーン自由劇団」を組織し、ニューヨークを訪れたことがある。この訪問に関するニューヨーク・タイムズ紙の記事が、危うくボツになりかけた。記事に関連して最近の著書を尋ねられたアロニは、自分が編集に関わった本を挙げたのだが、そのサブタイトルに「二国間」という単語が入っていたのだ。イスラエル政府の機嫌を損ねることを恐れ、タイムズ紙はこの語を削除しなければ記事は掲載できないと迫ったのである。

もうひとつ、もっと新しい例もある。英国系パキスタン人のカミラ・シャムシーに

『ホーム・ファイア』という小説がある。古代ギリシャ悲劇の『アンティゴネー』を現代に翻案した作品で、様々な国際的な賞を受賞し、ドイツ・ドルトムント市によるネリー・ザックス賞は授与された。

ところが、シャムシーが「ボイコット、投資撤収、制裁（BDS）」運動を支持していることが分かると、賞ははく奪されてしまった。その理由は、授賞を決定した時には「審査員は、二〇一四年以降、イスラエル政府のパレスチナ政策に抗議するボイコット運動に、著者が参加していることを知らなかったため」だという。[7]

これが今日の現実である。ボスニアにおけるセルビア人の軍事行動をおおっぴらに支持しているペーター・ハントケが、二〇一九年のノーベル文学賞を受けたというのに、イスラエルのヨルダン川西岸政策に対する平和的な抗議運動を支持すると、選考のテーブルにも上がれないのだ。

二つ目の論点として、ハンが示す主体性の新しい形は、階級制度は残しながら不平等が拡大するという、グローバル資本主義の新しいフェーズによって条件づけられているという点がある。闘争と敵対は、決して内なる「自己との闘争」に単純化できるものではない。第三世界には今も何億人もの肉体労働者がいるし、多様な非肉体労働者（あえ

7. https://www.middleeasteye.net/news/german-city-reverse-prize-uk-author-kamila-shamsie-over-support-bds

て挙げれば、高齢者の介護など、増加する「人へのサービス」に従事する労働者）の間にも大きな差異がある。

企業を所有・運用するトップ経営者と、家のパソコンの前で一人毎日を過ごす不安定な労働者の間は、あくまで分断されている。主人と奴隷の両方になると言っても、両者にとっては同じ意味でない。

かつてのフォード式の組立てラインでの働き方が、個人の創造性の余地を残した新しい共同作業に取って代わられる様子については、多くの論文がある。しかし、実質的に起きているのは代替えではなく、外注だ。マイクロソフトやアップルは共同作業の度を高めているかもしれないが、その最終製品は中国やインドネシアで、きわめてフォード的な方法で組み立てられている。組立てラインが外注されているだけのことである。

つまり、新しい仕事の区分が存在するのだ。西側先進国における自営の自己搾取の労働（ハンが示すもの）と、第三世界の疲弊させる組立て労働。さらにもうひとつ、激増しつつあるあらゆる形の人をケアする労働（介護職、ウェイターなど）である。これには搾取も多い。ハンの記述に合致するのは、最初のグループ（自営の、多くは不安定な労働者）だけである。

この三つのグループのそれぞれが、特有の疲労と過重労働の形態を示す。組立てラインの労働は、繰り返しの作業が疲弊の原因となる。上海郊外のフォックスコン社の工場で、テーブルに向かって同じアイフォーンを次から次へと組み立てることに、労働者は死ぬほどうんざりする。

一方、この疲労とは対照的に、人をケアする労働が過酷なのは、共感を持って働くことが期待され、仕事の「対象」を思いやるように見せることを期待されるという、その事実ゆえである。幼稚園の教諭は子どもの面倒をみるだけでなく、愛情を示すことで給料を支払われている。同じことが高齢者や患者のケアにあたる労働者にも言える。常に「いい人」でいることの重圧は想像に難くない。

とはいえ、これら二つのグループでは、自分がやっていることとの内面的な距離を多少とも維持することができる（子どもに優しく接するように期待されれば、そのふりをすることは可能だ）が、最後のグループに対する要求は、ずっと疲労度が高い。たとえば、ある製品の売り上げを伸ばすための宣伝や包装デザインに雇われたとしよう。個人的にはその商品に思い入れはなく、製品のアイディア自体が気に入らない。それでも、あなたは創造力を総動員して独創的な解決策を導きださなければならない。そうした努力は、繰り返しの組立て作業よりもはるかに疲労させる可能性がある。これがまさに、ハンが指摘している特定の疲労である。

　しかしながら、自己搾取によって疲労困憊するのは、自宅のパソコン画面の向こうで働く不安定な労働者だけではない。「クリエイティヴ・チーム業務[8]」という欺まん的な名称で呼ばれるまた別のグループにも、ここで言及しなければならない。それは、より上位の経営者やオーナーに代わって、企業家的な役割を果たすことを期待されている労働者である。

　生産や流通の社会組織を「クリエイティヴに」取り扱わなければならないのだが、このグループの役割は曖昧だ。一方では「企業家的機能を発揮して、収益性という限定された形で自分の仕事の社会的特徴や意味を理解しようとする」。そして「労働と人々の協力を効率的かつ経済的にオーガナイズする能力と、社会的に役立つ労働の特徴について考える能力とが、人類にとって現在も将来も有用である[9]」。

　しかし、彼らは、継続的な資本の従属のもとで、言い換えれば、企業の効率と利益を高める目的で、その業務を行っている。「クリエイティヴなチーム業務」がこれほど疲弊させるのは、まさにこの緊張のためである。企業の成功の責任を負いながら、チーム

8. Stephan Siemens and Martina Frenzel, Das unternehmerische Wir, Hamburg: VSA Verlag 2014 を参照。

業務にはメンバー間の競争や、他のグループとの競争もある。業務プロセスのオーガナイザーとして、従来は資本家に属していた役割を行って給料を得ているのだ。つまるところ、経営のあらゆる悩みや責任を負いつつ、賃金労働者の将来の不確かさも変わらない。いわば、両方の世界の悪いところ取りである。

　このような階級の区分は、コロナウイルスのパニックの中で、新しい側面を見せている。テレワークをうるさく求められている我々は、安全な隔離状態にある。しかし、それが許されているのは、どのグループだろうか?

　不安定な知的労働者と経営者は、メールやテレビ会議で協力し合うことができるので、自宅にいても仕事は何とか問題なく回る。「自己開発＝搾取」の時間は逆に増えるかもしれない。しかし、自宅以外の工場や田畑、店舗、病院、公共交通機関などで行うしかない労働はどうだろう? ほかの人を自宅隔離で生き延びさせるためには、多くの仕事が安全でない自宅外で行われるのだ……。

　そして、最後に、だが忘れてはならないのは、労働に対する自己規律や献身を批判したり、「気楽にいこうぜ」的な態度を広めたりする誘惑には抗わなければならないということだ。ナチスが残酷な悪用をしたとはいえ、「Arbeit macht frei!(働けば自由にな

9. Eva Bockenheimer, "Where Are We Developing the Requirements for a New Society," in Victoria Fareld and Hannes Kuch, From Marx to Hegel and Back, London: Bloomsbury 2020, p. 209.

る)」は、今も正しいモットーである。そうだ。感染流行の様々な影響に対応している多くの人々には、厳しい疲労困憊する仕事がある。しかし、コミュニティーの利益にとってそれは意味のある仕事であって、仕事自体の満足感をもたらす。市場で売上げを伸ばそうなどという愚かな努力ではない。

超過勤務で死ぬほど疲れている医療従事者や、過大な負荷でくたくたになっている介護従事者は、取りつかれたような昇進を動機とする疲労とは全く違う理由で疲れているのだ。その人たちの疲労こそ、値打ちがある。

めったに起きない重大な状況が重なって発生する究極の壊滅的な出来事を、「パーフェクトストーム」という。相乗効果によって個々の事象の力の合計よりもはるかに大きなエネルギーが放出される。

この言葉は、一九九七年にベストセラーになった、セバスチャン・ユンガーのノンフィクション小説のタイトルとして有名になった。描かれているのは、一九九一年に米国の北大西洋岸を襲った百年に一度と言われる嵐の同時発生。五大湖にあった高気圧が、カナダ・ノバスコシア州沖のセーブル島に向けて暴風を発生させ、これがカリブ海を北上して来たハリケーン・グレースと衝突した。ユンガーの小説では、異常な高波の中で姿を消した漁船アンドレア・ゲイル号の乗組員に焦点が当てられている。

世界全体を巻き込むという特徴ゆえに、現在のコロナウイルスの流行では、「我々はみな、同じ舟に乗っている」という表現が使われることが多い。しかし、ヨーロッパと呼ばれる舟には、むしろ、アンドレア・ゲイル号の運命を思わせる兆候がある。それは、三つの嵐がヨーロッパの上空で力を集積しているからだ。

最初の二つはヨーロッパ特有のものではなく、コロナウイルスの流行の持つ身体的な影響（隔離と苦痛と死）と、経済的な影響である。後者については、大陸の経済はそれ以前から停滞しており、また、世界の他の地域より輸出入に依存しているため、他の地域より影響は深刻だ（たとえば、自動車産業はドイツ経済の屋台骨であるが、中国への高級車の輸出はすでに停止されている）。

この二つの嵐に加えて、ヨーロッパには「プートガン」ウイルスとでも呼ぶべき第三の嵐がある。トルコとアサド政権（ロシアから直接の支援を受けている）がシリアで起こしている新しい暴力の嵐である。いずれの側も、自分たちの政治的利益のために、何百万人もの避難民の苦しみを冷酷に搾取している。

トルコが国内の数万人の移民にヨーロッパに出て行くように求め、ギリシャ国境への組織的な移送を始めた時、エルドアン大統領は、人道的理由を示してこの措置を正当化した。トルコは、これ以上増え続ける難民を支援できないというのだ。

この言い訳は、見事なまでの皮肉の証言である。トルコ自身がシリアの内戦にどのように関わってきたか、一方の派閥だけに肩入れして来たために、大量の難民の発生に重い責任があることを無視しているからだ。トルコがヨーロッパに難民の負担を共有してほしいと言うのは、自分たちの冷酷な政策のつけを肩代わりしてほしいと言うのと同じである。シリアのクルド人危機に対する偽りの「解決策」、トルコとロシアがそれぞれの側を支配できるように平和を強制したやり口は、すでに決裂している。

しかし、ロシアとトルコはヨーロッパに外圧を加えられる絶好のポジションを維持する。この二国は石油供給のみならず難民の流れもコントロールし、その両方を脅迫の手段として利用することができるのだ。

対立から協調へ動いたと思ったら、また対立へ逆戻りする、このエルドアンとプーチンの悪魔のダンスに我々は騙されてはならない。この極端な二人は、シリアの人々を犠牲にした同じ地政学的ゲームに加担しており、どちらもシリアの苦しみを一顧だにしないだけでなく、積極的にそれを利用しているのだ。

そして否が応でも目につくのは、プーチンとエルドアンの類似性である。二人は、同じ政治体制の別ヴァージョンを象徴しており、率いるのは二人を合体させたような、名づけて「プートガン」である。

シリア危機について、エルドアンとプーチンのどちらの責任が大きいか、などと問うゲームはやめたほうが良い。二人はいずれも最悪で、自らの目的追求のために情け容赦なく数百万人の苦しみを利用し、国ひとつを破壊した戦争犯罪者。その通りに扱われるべきである。中でも、統一されたヨーロッパを破壊した罪は重い。

さらに、世界的な感染流行の背景で、国際的な協力がかつてなく喫緊の課題であるこの時に、自分たちの軍事的な目的追求の手段として、感染がもたらす恐怖を利用して、それを行っているのだ。最小限の正義感でもある世界なら、彼らの居場所は大統領官邸ではなく、ハーグの国際刑事裁判所だろう。

三つの嵐が合わされば、パーフェクトストームが生まれるのが理解できる。コロナウイルス流行のこのタイミングで、トルコが仕組んだ新しい難民の波が、ヨーロッパに破滅的結末をもたらすのだ。

これまで、この流行で数少ない良かったことと言えば、全世界の協力の必要性がひしひしと感じられたという基本的な事実を除けば、まだ移民や難民のせいにされていないことぐらいだろう。

人種差別は、脅威をオリエントの他者（Oriental Other）に由来するものと判断した時に作動する。この二つの問題が混ざり合ったら、つまり、もし移民が感染症流行の拡大と結び付けて考えられるようになったら（そして、もちろん、混みあったキャンプの状況を踏まえると、難民の間にコロナウイルス感染が広がる可能性は高い）、ポピュリストの差別主義者が我が世の春を迎えるだろう。「科学的な」医療上の理由で外国人の排斥を正当化できるからだ。難民の流入を許容して来た寛容な政策は、容易にパニックと恐怖の反応のきっかけになりうる。

難民受け入れ拒否政策を続けるハンガリーのヴィクトル・オルバーン首相は、最近のスピーチの中で、事実上ハンガリーは、ヨーロッパ全体が追随すべきモデルとなるだろうと断言した。

この感染と難民という大惨事を未然に防ぐため、まず必要なのは、ヨーロッパの運用上の統一を強化すること、特にフランスとドイツの間の調整である。ほぼ不可能なことではあるが。この統一を足掛かりに、次にヨーロッパは、難民の危機への対応に〈行動〉すべきである。

先日のテレビ討論で、ドイツの左派政党・左翼党の幹部グレゴール・ギジは、第三世界の貧困に責任を負う必要はないと強力に主張した反移民勢力のスポークスマンに対し、うまい回答をしていた。そのスポークスマンは、国家は彼らにお金を使うよりも、自国の市民の福祉だけに責任を負うべきだと主張したが、ギジは、我々が第三世界の貧困層に対する責任を受け入れなければ、彼らはヨーロッパに来るしか選択肢がなくなるだろう、それこそ反移民の感情を大いに逆なですることになると答えた。

確かに、やって来る難民に対する寛容や連帯を強調することが極めて重要なのはそうだとして、難民流入の現実的な難しさを取り上げる論法のほうが、抽象的な人道主義に訴えるよりも、はるかに効果が上がる可能性がある。貧しい国の苦しみの原因は、ヨーロッパの人種差別や植民地支配の結果であるという動かしがたい事実にもとづいて、寛容や罪悪感に訴えるアプローチは、効率的ではないからだ。

人間の顔をしてはいるが既存の秩序を維持するだけのこの論法は、何も変えることのできない苦肉の策でしかない。今は、こんなことで到底間に合う状況ではない。

第四章　ようこそ、ウイルスの砂漠へ

今回のコロナウイルスの感染拡大をきっかけに、社会の片隅に眠っていたイデオロギーのウイルスが大流行を起こしている。フェイクニュース、妄想的な陰謀論、そして人種差別の爆発。十分な医学的根拠のある隔離政策に対してですら、明確な境界を引け、自分たちのアイデンティティを脅かす敵を隔離しろ、というイデオロギーの圧力がかかった。

他方、もしかすると、今後これらとは全く別の有益なイデオロギーのウイルスが蔓延し、我々に影響を与えるかもしれないと期待もしている。それは、今とは違う社会、つまり民族国家を超えた社会、世界的な連帯と協力の形で実現する社会について考えさせるウイルスである。

たとえば、新型コロナウイルスは、中国の共産党支配の崩壊につながるという推測がある。ちょうど、ゴルバチョフ自身が認めたとおり、チェルノブイリの悲劇がソビエト共産党の終焉につながる出来事だったように。ただし、ここにはパラドクスがある。コロナウイルスは、国民や科学への信頼にもとづいて、共産主義を書き換えることも強いるのである。

クエンティン・タランティーノ監督の『キル・ビルＶｏｌ．２』のラストシーンで、主人公のベアトリクスは宿敵ビルを押さえ込み、あらゆる武道で最高の必殺技「五点掌爆心拳」を決めた。身体の五つのツボを指で突くと、身体を離した相手は五歩歩いたところで心臓が体内で破裂して倒れるという技である。武道の神話に属する技で、実際の素手の戦いでは不可能なのだが、映画の中では、ベアトリクスがこの技を見舞ったあと、ビルは静かに彼女との和解を示し、五歩歩んで、死んだ。

この技が心をとらえるのは、やられた瞬間と死の瞬間の時差ゆえである。静かに座っていられる限りちゃんと会話ができ、その間もずっと、歩いたら自分の心臓が破裂すると分かっている。

コロナウイルスが中国の共産主義支配の崩壊につながると推測する人たちは、それが一種の社会的「五点掌爆心拳」として中国共産党政権に作用すると考えているのではないだろうか。つまり、中国の指導者らは座して予定通りの都市封鎖の動きを観察、完了することができる。ところが、現実の社会秩序の変化一つひとつ（人民への本当の信頼もそのひとつ）が、政権の破滅をもたらすのだ。

ただし、私個人の意見は、控えめに言っても、もっと過激である。私は、新型コロナウイルスの流行が世界の資本主義制度に対する「五点掌爆心拳」となると考えている。今までのやり方は続けられない、根本的な変化が必要であるというシグナルだ。

数年前のことになるが、米国の思想家フレドリック・ジェイムソンは、小惑星が地球上の生命を脅かすとか、ウイルスが人類を滅亡させるといった破局的事態を扱う映画の中にある、ユートピアの可能性を指摘した。全人類共通の脅威が世界的な連帯を生み、我々のささいな違いは意味を失い、解決法を求めて皆が協力する。

そう、今、現実に我々はその状況にある。決して、自分たちの大義に役立つなら、広がる苦しみをサディスティックに喜ぼうというのではない。逆に、破局的事態がなければ、自分たちが暮らす社会の極めて基本的な特徴を考え直すことができないという哀しい事実を、じっくり考えようと言っているのである。

そうした世界的な協調の、漠然とではあるが最初のモデルが世界保健機関（ＷＨＯ）である。通常の官僚主義的なたわ言ではなく、パニックを起こすことなく正確な警告が発せられている。このような機関にはもっと強い執行権が与えられるべきである。

米国大統領候補のバーニー・サンダースは、米国内のユニバーサル・ヘルスケアを訴えて懐疑主義者の嘲笑を浴びたが、新型コロナウイルスの教訓は、そんなものでは到底足りない、一種の「世界的な」ヘルスケア・ネットワークの構築を始めよ、ということではないか。

イランのイラジ・ハリルチ保健副大臣は記者会見に出席し、コロナウイルス拡大は大したことではない、大規模な封鎖は必要ないと発表した翌日、ウイルスに感染して自主的な隔離をしていると短い声明を出した（テレビに映っている間も、発熱など辛そうな症状を見せていた）。ハリルチ副大臣は、「このウイルスは民主的で、金持ちと貧乏人、官僚と一般市民を差別しない」と声明に付け加えた。[10]

この点、彼は極めて正しい。我々はみな同じ舟に乗っているのだ。他者と密接に接触するな、自己隔離せよと求める厳格な命令下の日常生活の中で、団結と世界的な連帯を促すものが表れてきているという事実には、最高の皮肉を見ざるを得ない。

さらに、我々が抱える問題はウイルスの脅威だけではない。そのほか様々な破局的事態も姿を現し始めている。いや、すでに起こりつつある。干ばつ、熱波、巨大な台風など、

10. https://www.theguardian.com/world/2020/feb/25/irans-deputy-health-minister-i-have-coronavirus

枚挙にいとまはない。こうした事例すべてにおいて、正しい解はパニックではなく、効率的な世界の協調を打ち立てるという、難しいが急を要する作業である。

まっさきに排除すべき見当違いは、ドナルド・トランプが最近のインド訪問中に流した発言だ。この感染拡大は直ちに収まるので、みんな流行のピークを過ぎるのを待てば、通常の生活が戻ってくると彼は言った。実際、中国はすでにその準備をしており、流行が収束したら土曜・日曜も働いて取り返さなければならないと、中国メディアは喧伝している。

こうした安易すぎる希望に反し、重要なのは、脅威は去っていないという事実を受け入れることである。この波が収まっても、新しい、おそらくはもっと危険性の高い波が再びやってくる可能性が高い。コロナウイルス感染を生き延び、完治を宣言された患者が再び感染しているのは、その不吉なサインである。

これらのことから、今後もウイルスの流行があるたびに、他者や身の回りの物体（自分の身体を含む）との最も初歩的な関わり方に影響が出るのだろうと予想する。これに関する指示はたくさんある。（目に見えない）汚染があるかもしれない物には、触らない。怪しいものは避ける。公衆トイレで座らない。公共の場所のベンチにも座らない。

ハグや握手は避ける。特に、自分の身体や自然に出るしぐさを注意してコントロールする。洗わない手で鼻を触ったり、目をこすったりしない。もちろん、オナニーもだめ。

要は、我々をコントロールしようとするのは国家や機関だけではない。自分自身を管理・自制することを、我々は学ばなければならないのだ！　安全なのはヴァーチャル・リアリティぐらいで、オープンな空間を自由に移動することは、超富裕層が所有する小島だけで許されるのだろう。[11]

しかし、思い出すべきは、ヴァーチャル・リアリティやインターネットの世界では、ここ十年以上、「ウイルス」や「ヴァイラル」という言葉が、ネット空間に感染するデジタル・ウイルスを指して使われていたことである。少なくともその破壊力（データやハードディスクを破壊する力）が行使されるまで、我々はその存在に気づかなかった。今我々が目にしているのは、この言葉の元々の文字通りの意味への大規模な回帰である。ウイルス感染は、リアルとヴァーチャルの両方の次元で、関連しながら作用するのである。

もうひとつ、観察される奇妙な現象は、資本主義アニミズム、すなわち市場や金融資本などの社会現象を生き物のように扱う傾向の華々しい復活である。

11. この考えはもともと、アンドレアス・ローゼンフェルダーによる。

大手メディアの論調を読むと、本当に憂慮するべきなのは、亡くなった、あるいは今後亡くなるであろう数万の人々のことではなく、「市場がパニックに陥っている」ことだというような印象を受ける。コロナウイルスによって、世界市場のスムーズな機能がかつてないほど妨害されている、大変だ、と。

これは、市場メカニズムに振り回されない世界経済を再組織化する差し迫った必要性を、鮮明にしているのではないか。むろん、ここで言うのは、古いスタイルの共産主義ではなく、必要に応じて経済を管理・規制でき、国民国家の主権さえも制限できる一種の世界的な組織のことだ。そのような組織を作ることができるのは戦時中だけであり、我々は今まさに、実質的に医療戦争の状況に近づきつつある。

ところで、この感染拡大による好ましい副作用についても、恐れずに言及すべきだろう。忘れることのできない感染拡大のシンボルのひとつが、大型客船に幽閉された乗客たちである。私に言わせれば、ああいう卑猥な船とはついにおさらばだ。もちろん、孤島や富裕層向けのリゾートへの旅は、数十年前の空の旅がそうだったように、少数の金持ちの独占的な特権にはもう二度とならないよう注意しておかなければならないが。

アミューズメントパークは、ゴーストタウンになった。すばらしい。ディズニーランドほど、退屈でばかばかしい場所はない。自動車製造業は深刻な影響を受けている。よろしい。マイカーへの執着を見直さざるを得なくなるだろう。他にも、いくらでもある。

最近のスピーチでハンガリーのヴィクトル・オルバーン首相は言った。「自由主義者などという者はいない。自由主義者は、卒業証書を手にした共産主義者でしかない[12]」と。では、もし逆も真ならどうだろう。「自由主義者」を〝自由を尊重する人たち〟と定義し、「共産主義者」を〝資本主義は危機に近づいており、根本的な変化でしか自由を守ることはできないと気づいている人たち〟と定義するなら、今でも自分が共産主義者だと自認している人たちは、卒業証書を手にした自由主義者である。つまり、共産主義者とは、自由主義的価値が危機にさらされている理由を真剣に考え、根本的な変化だけがその価値を救えると気がついた、自由主義者なのである。

12. https://www.euronews.com/2020/02/16/hungary-s-orban-lashes-out-at-slow-eu-growth-sinister-menaces-and-george-soros

第五章　感染流行の五段階モデル

新型コロナウイルスの感染拡大に我々が示す反応について、精神科医エリザベス・キューブラー＝ロスから学べることがある。彼女は著書『死ぬ瞬間（On Death and Dying）』のなかで、死に至る状況にあると知った人が辿る反応を、有名な死の受容の五段階モデルにまとめた。

第一段階の〈否認〉は、「そんなはずはない。自分に起きるはずはない」という事実の受容の単純な否定である。

続く〈怒り〉は、その事実をもはや否定できなくなった時に爆発する。「なぜ、こんなことが自分に起こるんだ?」

そして、〈取引〉する。「子どもたちが卒業するまで、生きさせて」と、事実を何とか延期あるいは軽減しようとする。

さらに〈抑うつ〉の本能的に投げやりになる段階では、「どうせ死ぬなら、何もかも、もうどうでもいい」と感じる。
最後に〈受容〉の段階が訪れ、「もう闘えない、覚悟をした方がいい」と考えるようになる。

のちにキューブラー＝ロスは、この五段階を様々な破局的な個人的喪失（失業、愛する人の死、離婚、薬物中毒）に応用したが、五つの段階は必ずしも同じ順序で起こらないし、五段階すべてを患者全員が体験するわけではないことも強調した。

社会が心的外傷を残す何らかの断絶に遭遇する場合にも、同じ五つの段階が識別できる。たとえば、生態系崩壊の脅威を考えてみよう。まず、それを否定しようとし（ただの妄想。起きているのはすべて、気象パターンの通常のサイクルだ）、次に怒る（環境を汚染する大企業に対してや、危険を放置した政府に対しての怒り）。そのあとに取引をする（廃棄物をリサイクルすれば、時間がかせげるかもしれない。温暖化には利点もある。グリーンランドで野菜が栽培できるし、船は中国からアメリカまで新しい北極航路で荷物が運べるし、永久凍土が解けてシベリアで新しい肥沃な土地ができる……）。さらに抑うつ（手遅れだ。もう負けだ）が訪れ、ついに受容に至る。深刻な脅威と闘っているのだ。生活全体を完全に変えなければならない！

同じことが、デジタル支配が生活に与える脅威の拡大にも言える。最初は、それを否定しがちである（誇張だ。左翼の妄想だ。日々の活動を支配できる機関なんてない）。その後、怒りを爆発させる（自分のことを本人よりもよく知っていて、その情報を我々の管理や操作に用いる大企業や国家の秘密機関に対しての怒り）。次に取引をする（当局はテロリストを捜索する権利があるが、我々のプライバシーを侵害する権利はないはず）。そして抑うつを経験し（手遅れだ。プライバシーは失われた。個人の自由の時代は終わった）、ついに受容する（デジタル支配は自由に対する脅威だ、そのあらゆる側面に人々の認識を高め、闘いに参加すべきだ！）。

ペストが流行した中世には、町の人々がその兆候に対して同じ反応を示した。最初は否定、次に、罰せられるような罪深い生き方に対する怒り、あるいは、それを許している残酷な神に対する怒りすらあった。そして、取引（それほど大したことではない、罹った人を避けよう）、抑うつ（もう人生は終わった）、さらには、興味深いことに乱痴気騒ぎ（人生が終わるなら、酒とセックスで楽しいことは全部やってから死のう）まであり、最後に受容（ここまできたら、普通の生活が続くかのように装い、できる限りちゃんとした振る舞いを続けよう）が訪れた。

二〇一九年末に発生したコロナウイルスの流行に対する我々の反応も、同様なのではないか。

まず、否定があった（何も深刻なことは起こっていない、無責任な一部の個人がパニックを広げているだけ）。次に、怒り（人種差別や反国家的な形をとるのが常で、中国人のせいだとされたり、自国政府が有効な手段を講じていないためだとしたり）。次に取引（わかったよ、確かに犠牲者が出ている。でも、SARSよりはましだし、被害はくい止められる）。これがうまくいかないと、抑うつが起きる（甘く見るのはよそう。もう絶望的だ）。

では、最終段階の受容は、いったいどのようなものになるのだろうか。奇妙な真実として、この流行拡大は、フランスや香港で見られたような、最近の社会的抗議活動に共通の特徴を示している。爆発しなければ、その後消え去る。根強く残れば、恒久的な恐怖と脆弱性を我々の生活にもたらす。

我々が受容し折り合いをつけなければならないのは、生命のサブレイヤーの存在である。生き物かどうかも定かでない、馬鹿みたいに増殖を繰り返す、生殖機能もないウイルスが常にあり、暗い影として我々と共存し、我々の生存自体の脅威となり、我々が全く予想しないような時に爆発する。

そして、もっと広い意味で言うと、ウイルスの流行は、我々の暮らしの究極の不確実性と無意味さを再認識させる。人類がどれほど素晴らしい精神的な体系を打ち立てたとしても、ウイルスや小惑星のような愚かな自然の不確実性は、それをすべて終わらせることができる。そして、環境破壊の教訓を挙げるまでもなく、我々人類も知らず知らずのうちに、その終焉に加担しているのだ。

第六章　イデオロギーのウイルス

新型コロナウイルスの感染拡大から提起された疑問の中に、私のような統計学の素人にも興味深いものがある。どこまでがデータで、どこからがイデオロギーなのかという疑問である。

我々の世界が密接につながればつながるほど、一地域の災難が世界的な恐怖や破局的事態につながりやすくなるというパラドクスが働いている。二〇一〇年の春、アイスランドの小規模な火山の噴火による噴煙、いわば地球上の生命の複雑なメカニズムの中のちょっとした混乱が、ヨーロッパのほとんどの空の交通を停止させた。常に姿を変える壮大な自然の活動をよそに、人類は地球という惑星に暮らす多くの種のひとつでしかないことを、鮮明に思い出させてくれた。

そんな些細な噴火からも壊滅的な社会経済的影響を受けるのは、我々の技術の進歩（この場合は航空交通）の脆弱性ゆえである。一世紀前なら、その規模の噴火は気づかれもせず過ぎたかもしれない。技術開発が自然からの独立を高める一方で、別のレベルでは、自然の気まぐれへの依存を高めているのだ。

新型コロナウイルスの拡散にも同じことが言える。鄧小平の改革以前にこれが起こっていたら、その話を耳にすることすらなかったのではないだろうか。

ひとつ、確かなことがある。新しい壁を作ろうと、さらに厳しい封鎖をしようと、隔離だけでは効果はないということだ。完全な無条件の連帯と世界的に強調した対応が必要なのであって、それはかつて共産主義と呼ばれたものの新しい形でもある。取り組みをこの方向に向けない限り、今の武漢が我々の未来の都市の典型になるかもしれない。

実は、多くのディストピア小説がすでに同様の未来を想像している。家にいて、コンピュータで仕事をして、テレビ会議でコミュニケーションをとり、自宅オフィスの一角のマシンで運動し、時々ハードコアポルノを映すスクリーンの前でマスターベーションをして、デリバリーで食事をとり、ほかの人類と決して直接顔を合わさない未来である。

しかしながら、予期しない〈解放の見通し（emancipatory vision）〉が、この悪夢のような将来像の中に隠れているのだ。実をいうと、この数日間、私自身、武漢を訪れる夢にとらわれている。巨大都市の無人となった大通り。普段はごった返している中心部がゴーストタウンと化し、開いている店にも客はなく、一人で歩く人や、一台の車が時々通り過ぎる。

非消費主義の世界はこんな風なのかもと、垣間見るような気がする。上海や香港の誰もいない通りのメランコリックな美しさは、世界の終わりのあとを描いた往年の映画を思い出させる。たとえば、『渚にて（On the Beach）』は、ほとんどの住民が死滅した町を映し出した。派手な大規模破壊はないのに、そこにあるのは、いつでも手の届く、我々を待っている、我々を見ている、我々を探している世界では、もはやない。歩き回る少数の人たちがつけている白いマスクでさえ、待ち望んだ匿名性や認知の社会的圧力からの解放を提供している。

一九六六年に発行された、学生向けのシチュアシオニストのマニフェスト（*De la misère en milieu étudiant*）の有名な結論を思い出す向きも多いだろう。「無意味な時間なく生き、邪魔するものなく楽しむ（*Vivre sans temps mort, jouir sans entraves*）」である。

フロイトとラカンが何かを教えてくれたとしたら、それは、次のような公式である。すなわち、超自我の命令の究極のケース（ラカンが適切に説明したように、超自我は突き詰めれば「享楽せよ」という肯定的な命令であり、何かを禁止する否定的な命令ではない）が、実際、最悪の事態を招く原因だということだろう。割り当てられた時間のあらゆる瞬間を集中的な関与で満たしたいという衝動は、結局、息の詰まるような単調さに行き着く。だから無意味な時間（dead time）、つまり〈退隠（withdrawal）〉あるいはかつての神秘主義者が言う〈放下（*Gelassenheit*）〉の瞬間は、我々の人生の経験の活性化にとって不可欠なのである。

　そして、おそらく、コロナウイルスによる世界の都市封鎖の意図しない結果のひとつとして、少なくとも一部の人が、騒々しい活動から解放された自分の時間を使って、自分の苦境の意味（あるいは無意味）について考えてくれるのも願ってよいだろう。

　こうした考えを公にすることで自ら招いている危険については、私も十分に認識している。安全な（今のところ）外部の立ち位置から、より深い真の洞察ができるのも苦しむ犠牲者のおかげだとその苦悩を冷笑っぽく正当化するような、過去にも繰り返されてきた行為に自分も関与してはいないか、と。マスクをした武漢市民が薬や食料を求めて街を歩く時、彼・彼女の頭の中には反消費主義的な考えなど全くない。あるのは、パニックと怒りと恐れだ。だから私が抗弁できるのは、ただ、たとえ身の毛もよだつ出来事でも、予想不可能な肯定的な結果はありうるということだけである。

イタリアの歴史家カルロ・ギンズブルグは、自分の国を愛するのではなく恥じることこそが、国に帰属している本当の証かもしれないという考え方を示した。おそらく、この孤立と強制的な隔離の時にあって、イスラエル人の中には、ネタニエフとトランプのために為された政策を勇気を持って恥じる者があるだろう。もちろん、ユダヤ人であることを恥じるのではなく、逆に、イスラエルの西岸政策が、最も貴重なユダヤ教の遺産に対してやっていることに恥を感じるという意味である。また、おそらく、イギリス人の中にも、ブレグジットにつながったイデオロギーの夢に騙されたことを恥じる勇気を持つ者があるだろう。

しかし、他方、武漢や世界各国で封鎖されている人々にとっては、今は恥じたり他者の非難を感じたりする時ではなく、勇気を出して辛抱強く自分たちの奮闘をやり抜く時である。中国で本当に恥を感じるべきは、自分たちは過剰に防護しながら、感染拡大を甘く見た者たちだ。チェルノブイリをめぐって、危険がないと公式には言いながら自分の家族を即座に避難させたソビエトの役人たちしかり、地球温暖化を表向きは否定しながら、すでにニュージーランドに家を買ったり、ロッキー山脈に貯蔵庫を建てたりしている重役たちしかり。

もしかすると、そうしたダブルスタンダードに対する一般市民の激しい怒り（すでに当局に透明性の確保を約束させつつある）が、今回のコロナ危機に予期しない肯定的な副作用を生む可能性もある。

第七章　冷静にパニクれ！

メディアはしきりに「パニックになるな！」と繰り返すが、そのあとに出てくるデータはパニックになるしかないような内容である。この状況で思い出すのは、若いころに住んでいた共産国では、政府の役人がパニックに陥る理由はないと大衆を安心させようとするのが日常だったことだ。人々はみな、そういう宣伝は役人たち自身がパニックになっている明白なサインだと理解していた。

　パニックには独特の論理がある。イギリスではコロナウイルスのパニックのせいで、店の棚からトイレットペーパー消えたというニュースを聞いて、社会主義のユーゴスラビアに住んでいた当時のトイレットペーパーにまつわる奇妙な事件を思い出した。突然、トイレットペーパーが足りないらしいという噂が広がり始めたのだ。当局はすぐに通常の消費に十分な量のトイレットペーパーはあるので心配ないと言い、驚いたことに、それは事実であり、ほとんどの人々も事実だと信じはした。

しかし、平均的な消費者は次のように推論した。十分なトイレットペーパーはあると分かっているし、噂は嘘だ。でも、もし一部の人がこの噂を真に受けてパニックになり、買い占めに走って、実際に不足が発生したらどうなる？　だったら自分の分を確保したほうがいい……。ほかの人が噂を真に受けると信じる必要すらない。噂を真に受ける人がいると一部の人が思うだろうと仮定するだけで十分だった。効果は同じ、トイレットペーパーが店から消えるのである。

この種の今も続く過剰な不安と対をなすのが、パニックになる理由が十分にあるはずなのにパニックが起きない奇妙な状況である。この二、三年、ＳＡＲＳやエボラ出血熱の流行のあと、新しい未知の病気の流行は時間の問題だ、問題は起こるかどうかではなく、いつ起こるかだと何度も繰り返し聞かされてきた。我々はこうした悲観的な予測が真実であると納得はしていたが、どこかで真剣に受け止めておらず、十分な準備の行動を起こすことを渋っていた。実際、この問題が扱われた場所は、『コンテイジョン』のような終末論的な映画の中だけであった。

この対比が我々に教えてくれるのは、パニックは現実の脅威に立ち向かう正しい方法ではないということである。パニックになって反応する時、実は我々はその脅威を真剣には捉えておらず、むしろ逆に、脅威を矮小化しているのである。死につながるような感染拡大の真っただ中で、トイレットペーパーの十分な確保が重要だなどという考えが、どれほど馬鹿げているか考えてみればよい。

　では、新型コロナウイルスに対する適切な反応とはどうあるべきなのか。真剣に立ち向かうために、何を学び、何をするべきなのだろうか。

　コロナウイルスの流行によって共産主義が新たに息を吹き返すかもしれないと私が示唆した時、この主張は、案の定、一笑に付された。中国政府による危機への強硬なアプローチは奏功しているように見えるし、少なくともイタリアで今起きている状況よりはましには見えるが、権力を握っている共産主義者の古い権威主義的な論理は、明らかにその限界を露呈したのは事実だ。その一例が、権力者たち（と、一般市民）に悪い報告をすることの恐怖が、現実の結果を上回ってしまった例である。その結果、新型ウイルスを最初に報告した人たちは逮捕された。同様の事態が、流行が衰えつつある今も発生しているという報告がある。

　コロナウイルスによる封鎖の解除後に、中国を正常に戻さなければならないという圧力が、かつての誘惑を蘇らせつつある。上司が見たいものを見せる、データの改ざんへの誘惑である。この現象は、西海岸の工業の中心地・浙江省で、電気使用量の改ざんという形で進行している。関係者によると、少なくとも三つの市で、生産の復活を目に見える形にするために、地元の工場に電気使用量の目標が設定された。その結果、工場にまだ誰もいないのに機械を動かしている事業所が複数あるという。[13]

権力者がこの誤魔化しの気配を察した時に何が起きるかも、想像がつく。地元の監督者がサボタージュで糾弾され、厳しく処罰されて、危険な不信のサイクルが再生されるのである。感染拡大への対応で中国が行った隠ぺいを一般市民に暴露するには、中国版のジュリアン・アサンジが必要だ。

では、これが私の言う共産主義でないなら、私は共産主義をどういう意味で使っているのか。それはWHOの公式発表を読めば分かるはずだ。以下は最新の発表である。

WHOテドロス・アダノム・ゲブレエサス事務局長は、木曜日、世界の保健当

13. https://www.bloomberg.com/news/articles/2020-03-01/china-s-push-to-jump-start-economy-revives-worries-of-fake-data

局はこのウィルスの拡大に打ち勝つ能力を有するものの、一部の国で政治的関与の度合いが脅威の大きさに見合っていないことをＷＨＯは懸念していると述べた。事務局長は「これは訓練ではない。現在は諦める時でも、言い訳を探す時でもない。今は最大限の努力を行う時だ。各国は何十年もこのようなシナリオに対する計画を練ってきている。今がその計画を発動する時だ」とし、「封じ込めは可能であるが、政府のあらゆる組織を巻き込んだ協調した総合的なアプローチが必要である」と述べた。[14]

そうした総合的なアプローチは、一国の政府の仕組みをはるかに超えたものであるべきだと、さらに付け加えてもよいだろう。強力かつ効率的な国際協調や国際協力はもちろん、国家の管理外で行われる地域での人員の動員も含むべきだからである。呼吸困難で何万人もが入院することになれば必要な人工呼吸器の数は激増し、それを確保するために、国家は戦時中に何万丁の銃を入手するのと同じような直接介入を行わなければならない。また、他国との協力も模索しなければならない。軍事行動と同様、情報を共有し、計画には完全な協調が必要になる。

14. https://edition.cnn.com/2020/03/06/asia/coronavirus-covid-19-update-who-intl-hnk/index.html

これがまさに私の言う、今日必要とされる「共産主義」である。あるいは、ウィル・ハットンの言葉を借りれば、「危機やパンデミックの影響を受けやすい、規制のない自由市場の国際化のひとつの形が、明らかに死を迎えつつある。しかし、相互依存とエビデンスに基づく集団行動の重要性とを認識する別の形が、生まれつつある」。

今も支配的なのは、「それぞれの国が自分で」というスタンスである。「医療資材のような重要な製品の輸出を国が禁止し、局地的な不足の中で各国の独自の危機分析や、行き当たりばったりの粗野な封じ込め対策に頼ってしまっている」[15]。

コロナウイルスの感染拡大は、市場の国際化の限界を示しているだけではない。完全な国家主権に固執する愛国主義ポピュリズムのもっと致命的な限界も示している。アメリカは世界的な協調と協力によってしか救われないのだから、「アメリカ（に限らず、どこの国でも）ファースト！」はもうおしまいだ。

ここでの私は空想主義ではない。人々の理想化された連帯に訴えているのではない。むしろ逆に、世界的な連帯や協力がいかに我々すべての、一人一人の生き残りの利益にかなうか、そして、それが行うべき唯一の合理的なことであるかを、今回の危機が明らかに実証していると言うのだ。それは、コロナウイルスに限った話ではな

15. https://www.theguardian.com/commentisfree/2020/mar/08/the-coronavirus-outbreak-shows-us-that-no-one-can-take-on-this-enemy-alone

い。中国自身、数カ月前に大規模な豚インフルエンザに苦しみ、今また、イナゴ飛来の予測にも脅かされている。さらには、オーエン・ジョーンズが言うように[16]、気象変動はコロナウイルスより多くの人間を世界全体で死に至らしめつつあるが、これに対してはパニックが起きていない。

冷笑的な生気論者の視点に立てば、若くて元気な苗がよく育つように腐りかけた苗を引き抜くのと同じで、コロナウイルスは人類に老人・弱者・病者を排除することを許し、世界の健康に貢献する、有益な感染であるように見えるのかもしれない。私が主張する幅広い共産主義アプローチは、そのような粗野な視点から脱する唯一の方法なのだ。

しかし、無条件の連帯が奪い去られてしまう兆候は、すでに現行の議論の中にも認められる。たとえば、「三博士」の役割に関する以下の記述のように、英国において感染拡大がさらに壊滅的な経緯をたどるとしたら、という議論である。

> 英国の深刻なコロナウイルス感染により、集中治療室の対応が追いつかなくなったら、NHSの患者が救命ケアを拒否される可能性がある、と上級医師が警告している。いわゆる「三博士」プロトコルが実施されると、病院の収容能力以上

16. https://www.theguardian.com/commentisfree/2020/mar/05/governments-coronavirus-urgent-climate-crisis

の患者が来た場合に、人工呼吸器やベッドなどのケアの分配に関する決定を、各病院三人の医長が下すことになる。[17]

この「三博士」は、一体どんな基準を用いるのだろうか。最も弱い人、高齢者を犠牲にするのか。この状況から、壮絶な汚職が発生する余地が生まれはしないか。このような手続きは、我々が「適者生存」という最も野蛮な論理を発動させる準備をしているという意味になりはしないか。だから、重ねて言う。我々が直面している選択は、野蛮か、それともある種の再考案された共産主義か、なのである。

17. https://www.msn.com/en-gb/news/uknews/coronavirus-weakest-patients-could-be-denied-lifesaving-care-due-to-lack-of-funding-for-nhs-doctors-admit/ar-BB10raxq

第八章　監視と処罰？　ええ、お願いします！

コロナウイルスの流行拡大によって、国民を管理・規制する施策や、西側民主主義社会ではこれまで考えられなかったような対策が、正当化され助長されてしまう状況について、多くのリベラルや左派のコメンテーターが発言している。イタリア全土のロックダウンは、まさに、全体主義者の最も野蛮な願望が実現したようなものだ。当然ながら現況では、デジタル化された社会統制が普及している中国こそが、壊滅的な流行拡大に対処する体制が最も整備されていることが証明された。では、これは、少なくともある側面では、中国が我々の未来だという意味なのだろうか。

イタリアの哲学者ジョルジオ・アガンベンは、コロナウイルスの感染拡大に対して、多くのコメンテーターとは全く異なる反応を示した。[18] アガンベンは、インフルエンザの別ヴァージョンでしかない「コロナウイルスの流行予測に対して、狂気じみた理不尽な、絶対的に不当な緊急対策が導入されている」として、「メディアや当局は、なぜ躍起に

18. http://positionswebsite.org/giorgio-agamben-the-state-of-exception-provoked-by-an-unmotivated-emergency/

なってパニック感を煽り、すべての地域に対して移動の厳重な制限と日常生活や労働の停止を課して、本当の「例外状態」を招くようなことをしているのか」と言う。

　アガンベンは、この「不相応な対応」の主な理由を「通常の統治の枠組みとして例外状態を利用する傾向が強くなる」ことにあると見る。緊急時に課せられる措置は、政府が行政命令によって我々の自由を著しく制限することを許してしまう。

> 「NRCによれば、毎年影響がある通常のインフルエンザと大差ないという。そんなものの脅威に対して、このような制限が不釣合いなのは、どう見ても明らかである。例外的措置の言い訳としてのテロ攻撃がネタ切れになったとたん、感染拡大に対する介入が、限度を超えた措置を広げる理想的な口実になるというわけだろうか」。もうひとつの理由は、「恐怖状態である。恐怖状態は、近年、個人意識の中に流布しており、集団パニック状態の現実的な必要性に姿を変える。ここでも感染拡大は、理想的な口実になる」。

アガンベンは、現在の感染拡大における国家統制機能の重要な側面を解説しているのだが、未解決の疑問も数々残る。そもそも、なぜ国家権力はそのようなパニックの推進に関心があるのだろうか。パニックには国家権力に対する不信がつきまとう（「政府は頼りない、十分なことをやっていない……」）し、資本の円滑な再生産を妨げるというのに。統治を刷新するために世界的な経済危機を引き起こすことが、資本や国家権力の利益に本当にかなうのか。状況をコントロールできていないことに気づいていて、一般市民だけでなく、国家権力自体がパニックになっているというのが、明白なサインなのではないか。そんなサインが、本当にただの戦略といえるのか。

　アガンベンの反応は、ウイルスが引き起こした「誇張されたパニック」を、トランプが「中国ウイルス」などと呼ぶようなあからさまな人種差別と、社会統制の行使とが合わさったものと見なす、左派のよくある立場を極端にしたものである。だが、そのような社会的な解釈は、脅威の現実を消し去ることはできない。

　では、この現実は、実質的に自由を縮小することを我々に強いるのだろうか。隔離などの措置はもちろん我々の自由を制限しているし、乱用の可能性を暴露するには、チェルシー・マニングや、ジュリアン・アサンジや、エドワード・スノーデンの後を継ぐ新しい活動家が必要となる。

しかし、ウイルス感染の脅威は、新しい形の地域や世界の連帯に対しても、絶大な後押しとなっている。また、権力自体に対する統制の必要性も、完璧に明確になった。だから、人々が国家権力に責任を負わせるのが正しいのだ。権力を持っているなら、何ができるか見せてみろ！と。ヨーロッパが課せられた課題は、中国がしたことをもっと透明性のある民主的な形でできるのだと証明することである。

西欧諸国や米国ではおそらく不利益を考えて許容できないような措置を、中国は導入した。だが、単刀直入に言えば、あらゆる形態の探知やモデリングを「監視」だと、積極的な統治を「社会管理」だと、反射的に解釈することは誤りである。我々には、介入を表す別のもっと繊細な語彙が必要である。[19]

すべてはこの「もっと繊細な語彙」にかかっている。新型コロナウイルスで必要になった措置を、フーコーのような思想家が示す監視や管理の通常のパラダイムへと、自動的に縮小するべきではない。むしろ、中国やイタリアが適用しているような措置よりも私が恐れているのは、流行を封じ込める効果のない措置がとられることや、当局が本当

19. Benjamin Bratton, 私信

のデータを操作したり隠ぺいしたりする可能性である。

オルトライト（alt-right）も似非左翼も、この感染拡大の完全なる現実を受け入れることを拒んでいる。それぞれが、社会構成主義的な単純化を行使して現実を弱めようと、つまり、現実の社会的意味を持ちだして非難しようとしている。

トランプと彼の支持者は、この感染流行は彼を選挙で落選させるために民主党と中国が仕組んだ策略であると繰り返し主張している。

一方、左派の一部は、国家と保健当局が提案した対策は、排外主義に毒されているとして非難し、社会的交流の継続を主張して、その象徴として今も握手を続けている。彼らのスタンスには、この状況のパラドクスが見えていない。握手をしないことや必要な時には隔離することこそが、今日の連帯の形なのである。

では、将来にわたって、握手やハグを続ける余裕を享受するのは誰だろうか。そう、少数の特権階級だ。ボッカチオの『デカメロン』は、フィレンツェの街を襲ったペストから逃れるために、郊外の隔絶された別荘に引きこもっていた七人の若い女性と三人の若い男性が語る物語として構成されている。経済的エリートは、このように隔離された地域に引きこもり、『デカメロン』のように物語でも楽しみながら過ごすのだろう。

我々一般庶民は、ウイルスと共に暮らさなければならない。
私が特に疎ましく思うのは、メディアやその他の力を持つ機関が何かの閉鎖やキャンセルを発表する場合に、「学校は四月四日まで休校する」などというように、なぜ決まった時間的制限を加えられるのかということだ。ピーク（は早めに来るはずなので、それ）が過ぎたら、物事は通常に戻るという大きな期待があるのだ。このやり方で、私も出席するはずだった大学のシンポジウムが、九月まで延期されると通知された。

問題は、たとえいつかは生活が見かけ上の通常に戻るとしても、感染発生の前に我々が経験していた「通常」と決して同じではないということである。日常生活の一部として慣れ親しんでいたものは当然ではなくなり、絶え間ない脅威に晒されながら、脆弱になった生活を送る術を学ばなければならないだろう。生活について、あるいは様々な生命体の中の生物としての我々の存在について、態度を完全に変える必要が出てくるだろう。つまり、「哲学」を人生の基本方針の名称として理解するのなら、我々は本当の哲学的革命を経験しなければならないということである。

この点をより明確にするため、ウイルスについての一般的な定義を引用してみたい。ウイルスは「様々な、多くは超微細な感染性病原体で、ＲＮＡまたはＤＮＡの核酸からなり、タンパク質の殻で覆われている。動物、植物、細菌に感染し、生きた細胞の中だけで増殖する。ウイルスは無生物の化学的単位であると考えられているが、生命体と捉えられる場合もある」。

この生と死の間の揺れは、極めて重要だ。通常の言葉の意味では、ウイルスは生きても死んでもおらず、いわゆる「リヴィング・デッド」。自己複製する活動においては生きているが、一種のゼロレベルの命であり、ウイルスは死の欲動よりもむしろ生の欲動、それも最も馬鹿げたレベルの反復と増殖をする生の欲動の生物学的な風刺なのである。しかし、ウイルスは、そこから複雑な生命が進化していくような基本となる形でもない。純粋に寄生性で、より進化した生命体に感染することで自己複製を行う（ウイルスが人に感染すると、人は単なるウイルスのコピー機と化す）。

ウイルスの不可解さは、まさにこの正反対のもの（基本性と感染性）の一致の中にある。シェリングが「決して止揚できない残余（der nie aufhebbare Rest）」と呼んだもの、つまり、より高度な増殖の機構の不調の産物として現れ、それに取りつき（感染し）続ける最下位の生命という残余、あるいは、より高次の生命の従属的契機として再統合されることすらできない残余である。

ここで我々は、ヘーゲルが「思弁的判断」と呼んだもの、最高と最低の同一性の表明に行き当たる。ヘーゲルの最もよく知られた例示「精神は骨である」は、『精神現象学』の骨相学の分析から生まれたが、我々の例示はさしずめ「精神はウイルスである」だろう。

人の精神は一種のウイルスである。ヒト動物に寄生し、自己複製のためにそれを利用し、時にはそれを破壊するぞと脅す。そして、精神の伝達手段が言語である限り、最も基本的なレベルで、言語は何か機械的なもの、我々が学び従わなければならない規則でもあるということを忘れてはならない。

リチャード・ドーキンスは、ミームは「心のウイルス」であるとした。ヒトの心に「コロニーを作」り、自分を増殖させる手段としてそれを使う寄生性の存在である。が、この発想の発案者は、ほかでもないレフ・トルストイである。トルストイは、ドストエフスキーほど面白い作家だとは思われていない。ドストエフスキーの実存的苦悩とは対照的に、近代においては基本的に居場所がない、救いようのない古臭いリアリズム作家だと思われている。

しかし、おそらく、トルストイが完全に日の目を見る時が来たのだろう。彼の芸術や人一般に関する理論には、ドーキンスのミームに関する記述との類似を見ることができる。「人は感染した脳を持つヒト科の動物で、膨大な数の文化的共生生物の宿主であり、これらを可能にしているのが言語と呼ばれる共生のシステムである」[22]というダニエル・デネットの一説は、純粋にトルストイではないか。トルストイの人類学の基本的分類は、「感染」である。ヒト対象者は受動的な空虚な培地であり、人から人へ広がる細菌に感染するように、個人から個人へと広がる感情を含んだ文化的な要素に感染する。

ただ、トルストイはここで終わりにしており、本当の精神的な自律を、この感情の感染の拡大と対比させてはいない。感染性の細菌の排除を手段として成熟した自律的な倫理主体へと自分を教育する、大胆なビジョンを打ち出していない。唯一の闘争は、良い感染と悪い感染の間の闘争であり、キリスト教の信仰自体が、感染なのである。トルストイにとっては、良い感染なのだが。

おそらく、これは、現在のウイルス感染拡大から我々が学びうる最も憂慮すべき教訓であろう。つまり、自然がウイルスをもって我々を攻撃している時、ある意味、我々自身のメッセージが我々に送り返されているのだ。そのメッセージは、こうだ。「あなたたちが私にしたことを、今度は私があなたたちにしているのです」。

20. Daniel C. Dennett, Freedom Evolves, New York: Viking, 2003, p. 173

第九章　人の顔をした野蛮が我々の運命か

最近、ウィルスに感染することを願っている自分に気づいて驚くことがある。感染すれば、少なくとも、この疲弊させる不確実性は終わるだろうにと思えるのだ。私のつのる不安は睡眠との関わりかたに表れている。ほんの一週間前までは、眠りの中に逃げ込めば日常の恐れを忘れられる、夜の訪れを心から待ち望んでいた。今はほぼ反対に、悪夢に悩まされ、パニック状態で目が覚めるのが怖くて眠れない。その悪夢とは、私を待ち受けている現実である。

どんな現実か（以下の考え方については、アレンカ・ジュパンチッチに感謝する）。最近、感染拡大の影響を克服するには、急進的な社会変化が必要だと言われるのをよく耳にする。この小冊が証明するように、私自身もこのマントラを拡散する者のひとりである。しかし、急進的な変化はすでに起こりつつあり、コロナウィルスの感染拡大は、何かこれまでに「不可能」だと思われていたものを突き付けている。

我々が知っていた世界は回るのをやめ、あらゆる国がロックダウンになり、人々の多くが家に閉じ込められ、直面している不確かな未来では、たとえほぼ全員が生き延びたとしても経済のメガクライシスが起きる。そのすべてに対する我々の反応、我々がすべきことも「不可能」。既存の世界秩序の座標の中ではありえないと思われることである。「不可能」が現に起きたのだ。我々の世界は止まってしまった。そして、最悪を避けるためにすべきこともありえないことである。それは、何なのだ？

　最大の脅威があけすけな野蛮への回帰だとか、治安紊乱や恐怖によるリンチなどの残忍な生存主義的暴力への回帰であるとは、私は思っていない（ただし、医療などの公共サービスが崩壊すれば、これも起こりうるが）。あけすけな野蛮よりも私が恐れるのは、人の顔をした野蛮である。無慈悲な生存主義的措置が、後悔と同情すら伴って強行されるが、専門家の意見によってそれは正当化されるのだ。

　注意深く観察すれば、権力者の声色の変化に容易に気づくだろう。権力者らは冷静さと自信の演出を試みているのと同時に、定期的に悲劇的な予測を発しているのだ。パンデミックは収束までに約二年かかる可能性がある。ウィルスは世界人口の六十から七十パーセントに感染する。数百万人が死亡する、と。

つまり彼らの本当のメッセージは、社会倫理の基礎を失う覚悟がいるぞ、高齢者と弱者のケアを切り捨てるぞということである。イタリアはすでに、事態が悪化すれば、八十歳以上、あるいは深刻な既往症のある患者は死ぬに任せると発表した。このような「適者生存」の理論を受け入れることは、根本原則すら破壊することになると気づかねばならない。軍人倫理でさえ、戦いが終われば、たとえ救命の可能性は低くても、重傷者をまずケアすべきだと定めている。

誤解を避けるために言っておくが、この点、私は全くの現実主義者である。末期疾患にある人には必要のない苦しみを与えないよう、苦痛のない死を迎える薬剤が用意されるべきだと考えている。しかしながら、我々の第一原理は効率化であってはならず、救いの必要な人が生き続けるためには、費用にかかわらず、無条件の支援が行われることでなければならない。

したがって、私は、現在の危機の中に「我々の社会が〈剥き出しの生〉以外はもはや何も信じないという」兆候を見るジョルジオ・アガンベンには、謹んで反対する。

イタリア人は、病気になる危険を避けられるなら、実質的にあらゆるものを犠性にしてよいと思っているのは明らかである。普通の生活状況も、社会的な関係も、仕事も、友情や愛情や宗教的、政治的な信念さえも。〈剥き出しの生〉とそれを失う危険性は、人々を団結させるものではなく、人々の目をくらませ分断するものである[21]。

物事はもっと曖昧だ。死の脅威は人々を団結させもする。自分もウイルスを持っているかもしれないと考えて身体的な距離を確保することは、お互いに対する敬意を示すことである。私の息子たちは今、私に感染させることを恐れて、私に会わないようにしている。病気をうつせば致命的になると思っているからだ。冷戦時代の生き残りのルールはMAD（相互確証破壊〈Mutually Assured Destruction〉）であったが、今のルールは別のMAD——相互確証距離（Mutually Assured Distance）なのである。

最近は、我々一人ひとりに責任があり、新しいルールに従わなければならないと繰り返し聞かされる。メディアも、誤った行動で自分や周りの人を危機に晒している人の話だとか、感染した来店者が皆に向かって咳をした話だとかで溢れている。ここに見られる問題は、環境危機を扱うジャーナリズムと同じ問題だ。メディアは個人の責任をやた

21. https://itself.blog/2020/03/17/giorgio-agamben-clarifications/

らと強調し、リサイクルなどの行動の課題のほうを重視させたがる。

しかし、個人の責任の重視はある程度は必要だとしても、経済や社会制度全体をどう変えるべきかというより大きな問題を見えにくくするために作用するなら、それはイデオロギーとして機能する。コロナウイルスとの闘争は、イデオロギーの神秘化に対する闘争と同時に、かつ、一般的な環境保護の闘争の一環としてのみ、可能になる闘いだ。英国の環境学者ケイト・ジョーンズが言うように、野生生物からヒトへの病気の感染は、

> 人類の経済発展の隠れたコストである。あらゆる環境中に、人が増えている。人の手がほとんど及んでいない土地にも入って行って、新しい環境にさらされることが増える。ウイルスに感染しやすい居住地を作り続けながら、新しいウイルスに感染しては驚いているのだ。[22]

人類だけを対象としたグローバル医療のようなものを組織するだけでは十分ではなく、自然そのものを計画に含めなければならない。ウイルスは植物も攻撃するが、植物こそ我々の主たる食料源である。

22. https://www.theguardian.com/environment/2020/mar/18/tip-of-the-iceberg-is-our-destruction-of-nature-responsible-for-covid-19-aoe

我々が生きる世界の地球規模の全体像と、これが意味するあらゆるパラドクスとを常に念頭におく必要がある。たとえば、中国のコロナウイルスによる都市封鎖で救われた人命は、ウイルスが原因で死亡した人の数より多かった（公式な統計を信用するとすれば）というのは、知っていてよい。

環境資源経済学者のマーシャル・バーク教授は、空気の汚染度と汚染された空気の呼吸による早死にとの関係は立証されているという。「これを念頭におけば、確かに奇妙ではあるが当然の疑問は、ＣＯＶＩＤ‐19の経済混乱から生じた大気汚染の軽減で救われた命は、このウイルス自体による死亡者数を上回っているのではないかという疑問である」とし、「非常に保守的に仮定しても、答えは明らかに「イエス」だと思う」と述べる。たった二カ月の汚染度の軽減で、中国だけで五歳以下の子ども四千人、七十歳以上の高齢者七万三千人の命が救われた可能性が高いと、バーク教授は言う。[23]

我々は三つの危機に巻き込まれている。医療の危機（感染拡大そのもの）と、経済

23. https://www.dailymail.co.uk/sciencetech/article-8121515/Global-air-pollution-levels-plummet-amid-coronavirus-pandemic.html

の危機（感染拡大の結果が何であれ、ダメージは大きい）、そして心理的な危機である。何億人もの日常の暮らしの基本的な座標が崩壊しつつあり、その変化は休日の飛行機移動から単なる身体の接触まで、すべてに影響している。

だから我々は、株式市場と利益の座標から離れて考えることを学び、必要なリソースを生産・分配する別の方法を見つける必要がある。ある企業が販売の好機を狙って数百万のマスクをため込んでいるのを当局が知ったら、交渉の余地なく、そのマスクは接収されるべきなのだ。

メディアは、トランプが十兆ドルをテュービンゲンにあるバイオ薬品企業キュアバクに提供して、有効なコロナウイルスワクチンを「アメリカのためだけに」確保しようとしていると報じた。これに対し、ドイツのイェンス・シュパーン保健相は、トランプ政権によるキュアバクの買収は「議論に上がっていない」とし、キュアバクは「特定の国のためでなく、世界全体のために」ワクチンを開発すると述べた。ここに見るのは、典型的な「民営化・野蛮」対「集産主義・文明」との闘争のケースである。しかし同時に、トランプは、政府が民間セクターに救急医療の資材の生産増強を指示できるように、国防生産法を発動させてもいる。

トランプは、民間セクターを乗っ取る提案を発表した。パンデミックに対応して、政府が民間セクターを指揮できるようにする連邦法の発動に米国大統領が言及した、とAP通信は伝えた。トランプは、「必要な場合には」国内の工業生産に指示を出す権限を自らに与える法律に署名する予定だと語った。[24]

先ごろ、この危機を乗り切る方法は一種の「共産主義」だと示唆して、私は多方面から冷笑された。しかし、この記事が言うとおり、「トランプは、民間セクターを乗っ取る提案を発表した」。感染拡大の前なら、誰がそんな見出しを想像できただろうか。

そしてこれは始まりでしかない。この種の措置はますます必要になり、医療に過度な負担がかかって国が運営する医療制度が崩壊すれば、コミュニティーによる自治も必要になるだろう。

隔離と生存だけでは足りない。隔離と生存を可能にするには、基本的な公共サービスが機能し続ける必要があり、電気、水道、食料、医薬品などが入手できなければならない。回復して免疫を獲得した人については、少なくとも当分は、至急の公的な仕事に動員できるように、回復者リストを作る必要が近い将来出てくるだろう。

24. https://www.theguardian.com/world/2020/mar/18/coronavirus-latest-at-a-glance-wednesday-2020

これはユートピア的共産主義の姿ではなく、生き残ることだけの必要性に強いられた共産主義である。遺憾ながら、これは一九一八年にソビエト連邦で「戦時共産主義」と呼ばれたものの一種である。

実は、強硬派の愛国主義の資格をもつ保守にしかできないような、進歩的な措置というものがある。ドゴールしかアルジェリアの独立は承認できなかったし、ニクソンしか中国との国交正常化はできなかった。いずれの場合も、進歩的な大統領が試みたとしても、即座に国益に背いたとして糾弾されただろう。

同じことが今、民間企業の自由を制限し、コロナウイルスとの闘いに必要な物資の生産を強要するトランプにも言える。オバマがこれをしようものなら、右派のポピュリストが激高して、健康上の危機を言い訳にアメリカに共産主義を持ち込もうとしていると非難したに違いない。

昔から言われるとおり、危機においては、我々はみな社会主義者なのである。トランプでさえ、すべての成人に千ドルの小切手を発行するという一種のユニバーサル・ベーシックインカムを検討している。あらゆる従来の市場ルールに違反して、一兆ドルを支出しようというのだ。ただし、どのように、どこで、さらに誰を対象にするのかはまだ不透明である。二〇〇八年に一般人が僅かな蓄えさえも失った時、政府が銀行だけは救済したように、この強制された社会主義は富裕層のための社会主義になりはしないか。

この感染拡大は、ナオミ・クラインが「惨事便乗型資本主義」と呼ぶ長く悲しい物語の新しい章になるだけなのか。それとも、新しい、もっとバランスの取れた（おそらくもっと控えめな）世界秩序が出現するのだろうか。

今、誰もが、社会と経済の仕組みを変えなければならないと口を揃えている。しかし、トマ・ピケティが最近の「ヌーヴェル・オブセルヴァトゥール」誌でコメントしているように、本当に重要なのは、どのように、どの方向に変えるか、どんな方策が必要かである。一般に流布しているのは、みんなが今この危機を一緒に経験しているのだから、政治のことは忘れて、生き延びるために一致して取り組むべきだという考えだ。しかし、この考え方は誤りである。今こそ真の政治が必要なのだ。連帯に関する判断とは、極めて政治的なのだから。

第十章　共産主義か野蛮か。それだけだ！

アラン・バディウからハン・ビュンチョル[25]まで、右翼から左翼までの多数の人々から、私は批判され、冷笑すらされている。新型コロナウイルスのパンデミックの結果、一種の共産主義が到来するだろうと繰り返し示唆しているからだ。

実は、この耳障りな声のカコフォニーに見られる基本的なモチーフは、容易に予想できた。いわく、戻ってくるのは資本主義であって、それも感染拡大の中で火事場泥棒的に、より強い形で帰ってくるだろうと。いわく、中国式の国家機構による生活への完全統制を、医療上の必要として我々は黙って受け入れることになるのだと。いわく、生存主義的なパニックに政治性はなく、他者を闘いの同志ではなく、死の脅威と見ることを強いるだけだと。

さらにハンは、東洋と西洋の文化の違いに言及し、西側先進諸国は本当の敵のいない暮らしに慣れているために、過剰反応している。開かれ寛容な彼らは免疫メカニズムを

25. https://www.welt.de/kultur/article206681771/Byung-Chul-Hanzu-Corona-Vernunft-nicht-dem-Virus-ueberlassen.html

持たないために、本当の脅威が現れた時にパニックに陥ってしまったのだ、という洞察を示した。

だが、西側先進諸国は本当に自分たちが言うほど寛大なのか。我々の政治・社会空間全体が、生態系崩壊の脅威、イスラム難民の懸念、LGBT＋やジェンダー論に対する伝統文化のパニック的な防御といった、終末論的な展望によって満たされているではないか。下品な冗談ひとつでも言おうとすると、すぐさま「政治的に正しい」検閲の力を感じるだろう。我々の寛容さは、もう何年も前に、その真逆に変わってしまったのだ。

さらに言えば、この強制された隔離は、本当に政治性のない生存主義を意味するのだろうか。私がむしろ同意するのは、カトリーヌ・マラブーの「エポケー、留保、あるいは社会性の括弧入れ（bracketing of sociality）は、時に、他者性への唯一のアクセス、すなわち地球上の隔離されたすべての人々に親近感を持つ方法となる。だから、自分の孤独の中で、私はできる限りほかの人と関わらないでいようとしている」[26]という記述である。これは深くキリスト教的な考えだ。

「孤独だ、神に見捨てられた」と感じる時、その時点で私は十字架に架けられたキリストのようだと感じ、彼に対する連帯に満たされる。そして、今、刑務所の面会禁止の監

26. https://critinq.wordpress.com/2020/03/23/to-quarantine-from-quarantine-rousseau-robinson-crusoe-and-i/

房で隔離されているジュリアン・アサンジにも、同じことが言える。我々は皆アサンジと同じであり、医療上の脅威に名を借りた危険な権力の乱用を防止するために、かつてないほど、彼のような人物を必要としている。隔離下の私たちには、電話とインターネットが他者との主なつながりとなるが、いずれも国家に管理されており、国家は思いのままに遮断することもできるのだ。

　では、一体何が起きようとしているのか。実際、以前は不可能と思われたことが、すでに起きつつある。たとえば、二〇二〇年三月二十四日、ボリス・ジョンソンは、イギリスの鉄道の一時的な国有化を発表した。アサンジはヤニス・ヴァルファキスとの短い電話でのやり取りで、「少なく見ても、コロナ危機の新しいフェーズで、「なんでもあり」、どんなことでも可能になったとはっきりした[27]」と述べている。言うまでもなく、事態は良いほうにも、悪いほうにも、あらゆる方向に転じる。だからこそ、急進的な選択に直面している現在の状況は、大いに政治的なのである。

　世界の各地で、国家権力が半ば崩壊することもあるだろう。特に飢餓や環境悪化などの脅威が加速した場合には、『マッドマックス』的な生存競争の中で、地方軍閥のリーダーが領土を支配するようになるだろう。過激派のグループが「老人と弱者は死なせ、

27. https://www.yanisvaroufakis.eu/2020/03/24/last-night-julian-assange-called-me-here-is-what-we-talked-about/

我々の国を強く若返らせよ」というナチの戦略を導入することもありえる（FBIが収取した機密情報によると、一部のグループはすでに、コロナウイルスに罹ったメンバーに対し、警察やユダヤ人へ感染を広げるよう促しているという）。

そんな野蛮への回帰をさらに精錬した資本主義ヴァージョンが、アメリカではすでに大っぴらに議論されている。三月二十二日の日曜日の遅く、アメリカ大統領は、「解決策が問題自体よりも悪いことなど許されない。この十五日間が終われば、どちらに進むのか決定する」とすべて大文字でツイートした。

ホワイトハウスでコロナウイルス対策本部を率いるマイク・ペンス副大統領も、同日これに先立って、連邦疾病管理センター（CDC）が翌日月曜日に、すでにコロナウイルスに感染した人の早期職場復帰を促す指針を発表すると言っている。

そして、ウォールストリート・ジャーナル紙の編集委員会は、「二〇〇八年から二〇〇九年の損失が小さく見えるほどの大規模な景気後退を避けるためには、連邦と州の当局が、対ウイルス戦略の修正を今すぐ開始しなければならない」と警告した。

また、トランプが熱心に読んでいるというニューヨーク・タイムズ紙の保守派コラムニストのブレット・ステファンスは、このウイルスを第二次世界大戦に匹敵する脅威の

28. https://www.theguardian.com/world/2020/mar/23/trump-social-distancing-coronavirus-rules-guidelines-economy

ように扱うことは、「ウイルスそのものよりも破壊力のある解決策が出される前に、攻撃されなくてはならない[28]」と書いた。

さらに、テキサス州副知事のダン・パトリックは、FOXニュースに出演し、公衆衛生の対策でアメリカ経済がダメージを受けるのを見るくらいなら死んだほうがましだと発言し、全国の「多数の祖父母たち」が賛成してくれるだろうと語った。「私のメッセージは、仕事に戻ろう。生活に戻ろう。賢く切り抜けよう。そして、我々七十歳以上は、自分の健康に気をつけようということだ[29]」。

近年に同様のアプローチが選択された状況は、私の知る限り、ルーマニアのチャウシェスク政権末期の数年だけである。当時、退職した人は社会にもう役立たないと判断され、どんな状態であろうと病院に受け入れてもらえなかった。先に挙げたような数々の発言に含まれるメッセージは明白だ。膨大な数えきれないほどの人命か、アメリカ的「生活様式」（すなわち資本主義）かという選択である。そして、この選択においては、人命が敗れる。

しかし、それが唯一の選択なのか。アメリカといえども、何か別のやり方をすでに準備してはいないか。国全体はもちろん、世界でさえ、無期限にロックダウンの中で過ご

---

29. https://www.theguardian.com/world/2020/mar/24/older-people-would-rather-die-than-let-covid-19-lockdown-harm-us-economy-texas-official-dan-patrick

すことはできなくても、形を変え、新しい形でなら再出発できる。

感傷的な先入観を、私は持っていない。何をすべきかは、誰にも分からない。回復して免疫を得た人たちを動員して、必要な社会サービスを維持してもらわなければならないかもしれないし、病に敗れて生が無意味な苦しみの延長でしかない場合には、苦痛のない死を可能にする薬剤を利用できるようにしなければならないかもしれない。しかし、我々には選択権があるだけではない。すでに選択が始まっているのだ。

だからこそ、この危機を政治性の低い状況、つまり、国家権力はその責務を果たし、我々は遠すぎない未来に何らかの正常性が回復されることを願いながら、その指示に粛々と従うべき状況だと見るのは誤りだ。ここで我々は、国家の法律についてイマヌエル・カントが書いた「従え、しかし考えよ。思考の自由を維持せよ」にこそ従うべきだ。今、これまで以上に、カントの言う「理性の公的利用」が我々には必要なのだ。

感染拡大はこれからも繰り返し、干ばつからイナゴまで、様々な環境上の脅威と合わさって襲ってくるだろう。だから難しい決断を今、下さなければならない。ここが、今回の流行もまた比較的少数の死者を伴う感染流行のひとつだ、と言いつのる人たちが理解していない点だ。

そう、単なる感染拡大なのだ。しかし、感染拡大に関するこれまでの警告は十分に正当化されたし、それには終わりがないことも、今なら理解できる。もちろん「もっと悪いことがあった。中世のペストを考えてみろよ」といった観念したような「良識ある」態度をとることもできるだろう。

だが、そんな比較を持ち出さざるを得ないこと自体からもよく分かる。我々が経験しているこのパニックは、たとえ場合によっては偽善的であっても、ある種の倫理的な前進が起きているという事実を証言しているのだ。我々はペストを自分たちの運命として甘んじて受け入れる気は、もはやないのである。

ここで、私の言う「共産主義」の出番である。曖昧な夢としてではなく、単にすでに起こりつつあること（あるいは、少なくとも多くの人が必然として捉えているもの）の名称としての共産主義。あるいは、すでに検討されつつあり一部は執行されている措置の名称としての共産主義。明るい未来の展望ではなく、むしろ「災害資本主義」に対する解毒剤としての「災害共産主義」の視点である。

マスクや検査キット、人口呼吸器といった緊急に必要なものの製造を調整したり、ホテルやリゾートを差し押さえたり、新たな失業者全員に最低の生活を保障したりなど、国家はもっと積極的役割を担うべきであるだけでなく、これらすべてを市場メカニズムから離れて行う必要がある。

観光業に従事する人たちのように、少なくともしばらくは、職も目的も失われる数千万人のことを考えてもみよ。その人たちの運命を単なる市場メカニズムや、一回限りの景気刺激策にゆだねることはできない。そして、難民たちが今もヨーロッパに入ろうとしていることも、忘れてはならない。彼らの絶望の程度を把握することは難しいが、感染拡大でロックダウンされているような土地が、今も彼らにとって魅力のある目的地なのだろうか。

明白なことが、あとふたつある。ひとつは、制度化された保健医療制度は、高齢者や弱者のケアを地域のコミュニティーに依存せざるを得なくなること。もうひとつ、天秤の反対側にあるのは、リソースの産出と共有のため、何らかの有効な国際協力を組織しなければならないことである。各国が単に孤立すれば、戦争が勃発してしまう。

私が「共産主義」を言う時に言及しているのはこのような協力の進展であり、それ以外の選択肢は新しい野蛮以外にない。では、どの程度、進展するだろうか。はっきりとは言えないが、あらゆる場所で逼迫して感じられているのは確実で、すでに目にしているとおり、ボリス・ジョンソンのような、共産主義者とは全くもって縁遠い政治家によっても発動されつつある。

野蛮と我々（共産主義）とを隔てる境界線は、ますます明瞭になっている。今日の文明の象徴のひとつが、世界各地で様々な戦争を続けることは、完全に狂った意味のないことだという認識の拡大である。また、目下の危機の規模に比較すれば、他の人種や文化に対する不寛容や、性的マイノリティに対する不寛容など些細なことだという理解も、文明の象徴だ。

これは同時に、ウイルスとの闘争に戦時措置が必要だとしても、「戦争」という単語を使うことには問題があると私が考える理由でもある。ウイルスは我々を滅ぼす計画や戦略を持った敵ではなく、単に、馬鹿みたいに自己複製をするメカニズムでしかないのだから。

これは、生き残りへの執着を非難する人たちが見落としているポイントである。アレンカ・ジュパンチッチは最近、モーリス・ブランショが冷戦時代に、核による人類の自己破壊の恐怖について書いた論文を読み直したという。ブランショは、死に物狂いの生存への欲求は、「変化については考えるな。現状を守れ。命だけを守ることを考えよ」

という態度を意味するのではないと説いている。

そう、事実は全く逆だ。自己破壊から人類を守ろうとする努力を通じて、我々は新しい人間性を作りつつあるからだ。現在のきわめて重大な脅威をとおしてのみ、我々は統合された人間性を思い描くことができるのだ。

補遺　友人からの二通の有益な手紙

個人的な告白から始めたい。私は、自分のアパートに閉じ込められ、読書と仕事に必要な時間が十分あるという状態が、好きだ。

旅行をする時でも、訪問先の観光名所などは全部無視して、気の利いたホテルの部屋で過ごしたい。有名な絵画に関する優れたエッセイを読むほうが、混みあった美術館で絵画そのものを見るよりも、私にははるかに意味がある。しかし、実はこのことが、義務的に引き籠らなければならない今の状況を難しくしていることに、気づいてもいる。その理由を説明するために、エルンスト・ルビッチ監督の『ニノチカ』から有名なジョークを紹介しよう（これが初めてではないが）。

「ウェイター、コーヒーをひとつ。クリームなしで」

「申し訳ございません。当店、クリームはございませんで、ミルクのみです。ですので、

『ミルクなしのコーヒー』でよろしいですか？」

事実という面では、コーヒーに変わりはない。では、どんな違いが「クリームなしのコーヒー」を「ミルクなしのコーヒー」にしているのだろうか。あるいは、もっと単純に、何によって否定が加えられて、「ブラックコーヒー」が「ミルクなしのコーヒー」になっているのだろうか。実は、同じことが私の隔離にも起きている。コロナ危機の前は、「ミルクなしの」隔離だった。出かけることもできたが、あえて出かけないことを選んだからだ。今はそれが、否定がそもそも含まれていない、単なる隔離の「ブラックコーヒー」になっているというわけだ。

私の友人で、ラカン派の精神分析医としてリオデジャネイロで働いているガブリエル・トゥピナンバが、メールでこのパラドクスを説明してくれた。「今一番不安で、最悪の無気力の幻想に晒されているのは、以前から家で働いていた人たちだ。なぜなら、彼らにとっては、日常生活に現れたこの状況の特異性の境界を、習慣の変化によって定めることができないから」。

彼の論点は複雑だが明確である。日々の現実に大きな変化がない場合、コロナウイルスの脅威は亡霊のような幻想として経験される。だからこそよけいに強烈なものになる。ナチス時代のドイツでは、ユダヤ人の数が非常に少ない地方のほうが、反ユダヤ主義が極端であったことが思い出される。見えないことがユダヤ人を恐ろしい亡霊にしてしまったのだ。

自己隔離の中でも、トゥピナンバは電話やスカイプを通じて、患者の分析を続けている。メールの中で、彼が少し皮肉な調子で書いていたのが、理論的理由から電話やスカイプでの遠隔精神分析治療に断固として反対していた分析医の話である。直接患者と会うのが難しくなって収入が減ると分かったとたん、その医師は遠隔治療を受け入れるようになったそうだ。

コロナウイルスの脅威について考えた時、トゥピナンバはまず、フロイトが『快感原則の彼岸』の冒頭で指摘したことを思い出したという。フロイトを悩ませた最初の謎は、「戦争で負傷した兵士は、無傷で帰還した兵士よりも、自分の外傷的経験に向き合うことができる。逆に無傷の帰還兵は繰り返し夢にうなされて、暴力的な心象や戦時の幻想を追体験する傾向があった」ことであった。トゥピナンバはこれを、二〇一三年にブラジルで起きた有名な「六月の旅」抗議運動の記憶と結びつけている。

様々な過激派組織にいた友人の多くが、デモ最前線にいて、警察に殴られけがをした。彼らは、この状況によって「刻印された」という一種の主観的な安堵を示していた。当時の私が直感したのは、殴られたあざが、その契機を形作っていた目に見えない政治権力を、対処可能な個別の量目へと「縮小」させ、幻想的な国家権力に何らかの限界を与えているということだった。それはまるで、切り傷やあざが「相手」に何らかの輪郭を与えたかのようだった。

（この「相手」は、パラノイア患者の頭に絶えず思い浮かぶ、全能の目に見えない「エージェント」である）

トゥピナンバはさらに、ＨＩＶ危機の最中にも同じパラドクスがあったことに気づいている。

> ……目に見えないＨＩＶ危機の拡大は、まさに神経を擦り減らすような状況だった。自分を問題の規模に一致させられないことがあまりにも苦しくて、この状況に何か象徴的な輪郭を与えるためなら、自分のパスポートに「ＨＩＶあり」の

スタンプを押されることは、支払うべき対価として高すぎるようには思えないほどだった。感染してしまえば、少なくとも、ウイルスの力を測る尺度が与えられ、まだ残されている自由がどんな種類のものが分かる状況になるのではないかと思えた。

ここで言及されているのは、ラカンが詳細に述べている「現実（reality）」と「現実界（the real）」の区別である。「現実」は外部の現実であり、我々が慣れていて、その中で自分の位置を確認したり他者と関わったりできる社会的・物質的空間である。一方、「現実界」は亡霊のようなもので、目に見えない。だからこそ全能のように見える。

この亡霊のような「エージェント」が我々の現実の一部になった瞬間（たとえそれがウイルスに感染したという意味でも）、その力が一局所にとどめられ、対応が可能な何かになる（たとえ闘いに敗れる結果だとしても）。この現実への転位が起こりえない限り、我々は「不安パラノイアの状態に陥るか（純粋なグローバル性）、または不要なリスクに自分を晒す行動化を通じて、無効な象徴化に逃げるか（純粋な局所性）のどちらかになる」。

この「無効な象徴化」は、すでに多くの形をとって現実になっている。もっともよく知られているのは、リスクは無視して、アメリカの機能を回復させよというトランプが発する呼びかけである。このような行為は、家のテレビの前でサッカーの試合に叫んだり手を叩いたりする行為よりはるかに悪い、まるで、魔法で結果を変えられるとでもいうような行為だ。

とはいえ、我々には救いがないという意味ではない。たとえ、まだ科学によってウイルスを封じ込める技術的手段が得られていなくても、我々はこの手詰まり状態から抜け出すことができる。今一度、トゥピナンバを引用する。

> パンデミックの最前線にいる医師たちや、僻地のコミュニティーで相互支援のシステムを作っている人たちなどは、狂気のパラノイアに屈服する可能性が低い。この事実は、今日の政策的な実務に、一定の形の「副次的な」主観的メリットがあることを示唆するように思える。特定の仲介を通じて行われる政治は（往々にして利用できる唯一の手段は国家であるが、それは単なる偶然なのかもしれないと思う）、我々に状況を変える手段だけでなく、我々が失ったものに適切な形を

与える手段も提供してくれるように思える。

イギリスで、四十万人以上の健康な若者が、コロナウイルスの影響で困窮している人を自主的に支援しているという事実は、この方向にある良い兆候である。では、そうした形で関われない人たちのことはどう考えるべきだろう。パンデミックの只中に生きるという精神的なプレッシャーに耐えるために、何ができるか。

私の第一のルールは、今は、この人間の存在の究極の奈落に対峙するために、何か精神的な真正性を求めようとする時ではないということ。故ジャック・ラカンの表現を用いるなら、恥じることなく自分の症候と同一化する努力をせよ、それは（ここは少し単純化するが）、あらゆるささいな儀式、決まり事、癖など、日々の暮らしの安定に役立つことをちゃんと実行せよという意味である。

精神衰弱を避けるためなら、効果のありそうなどんなことでも許される。フェティシストの否定の形「（状況がどれだけ深刻かは）よく分かっています……。しかしそれでも……（本当は信じていません）」すらも許される。

長期的に考え過ぎるな。今日だけに、今夜寝るまでにすることだけに集中せよ。映画

『ライフ・イズ・ビューティフル』に出てきたようなゲームをやることを考えてもよいかもしれない。ロックダウンは、あなたと家族が自由に参加でき、勝ったら大きなご褒美が得られるゲームだと考えるわけだ。

そして、映画やテレビについて言えば、あらゆる罪深い快楽に喜んで屈せよ。壊滅的なディストピアものでも、『ふたりは友達? ウィル&グレイス』のような、サクラの笑い声が入るコメディでも、過去の大戦を描いたユーチューブのドキュメンタリーでもよい。私が好きなのは、暗い北欧の――特にアイスランドの――『トラップ凍える死体』や『ヴァルハラ連続殺人事件』といったミステリものである。

しかしながら、ただ画面に屈服することでは、完全には救われない。主要な任務は、安定した意味ある形で日常生活を構築することである。ここで、もう一人、私の友人アンドレアス・ローゼンフェルダーが、日常生活に対する新しい考え方を説明しているのを紹介する。彼は、ドイツの「ディ・ヴェルト」紙のジャーナリストである。

この新しい倫理には、何か英雄的なものが痛切に感じられる。誰もが、昼も夜も、在宅で働き、ビデオ会議に参加し、同時に子どもの面倒を見たり勉強を教えたりしている。しかし、誰もなぜそうしているかを尋ねない。なぜなら、もはや「お金を稼いで、ヴァケーションに出かける云々」という問題ではないからだ。ヴァケーションが再びあるかどうかも、お金があるかどうかも誰にも分からない。これは、アパートがあって、食料と水のような基本的なものがあって、他者の愛があって、本当に大切な任務があるという世界の話である。「もっと」必要だなどという考えは、今となっては非現実的に思える。

臆面もなく「疎外されていない」文化生活と呼ぶべきものについて、私はこれより優れた説明は思いつかない。この姿勢のようなものが、パンデミックが収束した時に生き残っていることを願うのみである。

サマラの約束：古いジョークの新しい使い方

私がものを書く時にいろいろな場面で使っている、ひとつのジョークがある。自分のことを一粒の種だと信じて疑わない男の話だ。精神科に連れてこられた男に、医師は言葉を尽くして種ではなく人間だと説得する。

やがてその甲斐あって男は病院から出ることを許されたのだが、すぐに恐怖で身を震わせて戻ってきた。病院を出たところに鶏がいて、食べられてしまうのが怖いと言うのだ。医師が「大丈夫ですよ。もう分かっているでしょう。種じゃなくて人間なんですよ、あなたは」と諭すと、男は「もちろん、それは分かっています」と返す。「でもね、鶏はそれを分かってますか？」

クロアチア人の友達デヤン・クリスィチが、最近、このジョークのクロアチア版を送ってくれた。

「やあ、元気か」

「あ、こんにちは、教授。なぜマスクをつけているんですか。二週間前には、マスクではウイルスを防げないと皆におっしゃってたじゃないですか。」

「そうだ。防げないと分かってるんだが、ウイルスはそれを知っているかね？」

このジョークのウイルス版は、重要な事実を無視している。ウイルスは何も分かっていない（何も分かっていないことも分かっていない）ことだ。なぜなら、ウイルスは「知識の領域」に住んでいないからだ。我々を滅ぼそうと企む敵ではなく、単に、やみくもな機械的動作で自己複製をするだけの存在である。

ここで思い出すのが、一部の左派が言うもうひとつの類似である。資本もまた、我々人類に寄生するウイルスではないのか。我々の苦しみに全く無頓着に自己再生に躍起になっている、盲目のメカニズムではないのか、と。

しかし、ここにも重要な違いがある。資本は我々から独立して現実に存在するものではない、ヴァーチャルの存在である。資本は、我々人間が資本主義のプロセスに関与する限りにおいてのみ、存在する。だから、資本は亡霊のような存在である。もし、我々がそれを信じているかのように振舞うのをやめれば（あるいは、たとえば、国家権力がすべての生産力を国営化し、通貨制度を廃止すれば）、資本は存在し得なくなる。一方、ウイルスは科学によってのみ扱うことができる、現実の一部だ。

とはいえ、生物学的なウイルス、デジタル・ウイルス、ウイルス的存在としての資本という様々なレベルのウイルスの存在の間に、「つながり」がないという意味にはならない。そもそもコロナウイルスの感染拡大自体が、人間に影響する単なる生物学的現象ではないのは明らかだ。だから、その拡大を理解するには、人間の文化的な選択（食習慣など）、経済や国際取引、国際関係の濃密なネットワーク、恐れやパニックのイデオロギー的メカニズムなども考慮しなければならない。

ただ、この「つながり」を正しく把握するためには、新しいアプローチが必要になる。その道筋を示したのが、ブルーノ・ラトゥール[30]である。コロナウイルスの危機は来るべき気候変動に対する「最終リハーサル」だと強調している彼は、正しい。「（気候変動は）次の危機であり、我々皆に対する課題として、生活条件の方向転換が余儀なくされることになる。日々の生活の詳細についても、慎重な分別を学ばなければならなくなる」と言う。新型コロナウイルスの感染拡大は、世界的に長く続く環境危機のひとつの契機として、「伝統的な社会の定義——人間の中にある人間——は、もはや意味をなさないという、突然の苦痛に満ちた認識を」容赦なく我々に突きつけるのだ。

30. https://critinq.wordpress.com/2020/03/26/is-this-a-dress-rehearsal/ からの引用

社会の状況は、常に多くの当事者たちの間の関連に依存している。そして、当事者たちの多くは人間の形をしていない。パスツールのころから分かっているように、これは微生物にも当てはまるのだが、実はインターネットにも、法律にも、病院組織にも、国家のロジスティクスにも、そして気候にも当てはまることである。

しかし、もちろん、ラトゥールも十分承知のとおり、コロナウイルスの感染拡大と環境危機の間には重要な違いがある。「健康上の危機においては、ウイルス側には我々に関心がなく、人間の喉から喉へと、その気はなくとも人間を殺しながら、我が道を突き進んでいるとしても、とりあえず人間側は全体としてウイルスと「戦って」いると言える。ところが悲劇的なことに、環境変化においてはこの状況が逆転する。恐ろしい毒性で地球上のあらゆる生命の生息条件を変えてきた病原体は、ウイルスではなく、人間なのだ！」

ラトゥールは、直後に「これはすべての人間に当てはまるわけではない。宣戦布告もせずに我々に戦争を仕掛けてくる人間だけに当てはまる」と付け加えているが、「宣戦布告せずに我々に戦争を仕掛けてくる」行為主体性は、人間の集団だけではなく、既存のグローバルな社会・経済的システム、すなわち、我々皆（人類全体）が関与している既存の世界秩序でもある。ここに、集合体（assemblage）という考え方の潜在的な破壊力が見えてくる。これを人間を含む布置に当てはめると明らかになるが、「非人間」の視点から見ることもでき、すると、人間は多様なアクタン（actant）のひとつでしかないように見えるのだ。

ジェーン・ベネットが描いた、汚染されたごみ集積場所でアクタンが結び付く描写を思い出してみるとよい。人間だけでなく、腐ったゴミ、昆虫、ミミズ、廃棄された機械、有毒な化学物質などが、それぞれの役割（決して純粋に受動的でない）を担っている。[31] このようなアプローチには、信頼に値する理論的かつ倫理・政治的な洞察がある。もちろん、ベネットのようないわゆるニュー・マテリアリストが、問題を機械部品の受動的な混合へと単純化することに反対する時、それは古ぼけた直接的技術のことではなく、物質に内在する偶然性のダイナミクスのことを言っているのだ。多様なアクタン間の予想しない遭遇から、創発特性（emerging properties）が生じる。特定の行為のための行為主体性が、様々な異種の物体（body）全体に分配される。

31. Jane Bennett, Vibrant Matter, Durham: Duke University Press 2010, p. 4–6.

これにより行為主体性は社会的現象になり、社会性の限界が拡大されて、関連の集合体に参加するすべての物質的な物体を含むことになる。いわば、生態学的公衆（ecological public）は、痛めつけられ、行為能力が低下したものとして定義される物体の集まり（一部は人間だが、ほとんどはそうでない）なのである。

このような立場が倫理的に示唆するのは、より大きな集合体の中での我々の絡み合いを認識すべきということである。この公衆の要求に対して、我々はもっと敏感にならなければならないし、また、再構築された利己的感覚もこの集団の窮状に対応することを求めている。物質性（materiality）は、通常、不活性な実体と考えられるが、人間と非人間の当事者《アクタン》の集合体を形成する、モノの過多（plethora）として捉え直されるべきである。人間は、潜在的に無限に広がる力のネットワークの中の、ひとつの力に過ぎないのだ。

このような、変化し続ける集合体の中に現象を位置づけるアプローチによって、予期しない「超・機能（trans-functionalization）（現象が、突然、全く違った形で機能し始めること）」の事例を説明することが可能になる。

予期せぬ連帯が発生した例として、たとえば、貧民街ファヴェーラの覇権を争って、いつもは残忍な闘争に明け暮れるリオデジャネイロのギャングたちが、COVID-19の感染拡大中は停戦協定を結び、高齢者や弱者への支援提供に協力する決定をした例がある。[32]この突然の変化は、ストリートギャングがすでに内部的に様々な側面の集合体であったからこそ、可能であった。犯罪行為の形だけでなく、若者のグループによる連帯と組織的権力に対する抵抗という形も持っていた。

超・機能のもうひとつの例が、企業だけでなく個人も対象とした一兆ドルの給付金（そのような措置は、ユニバーサル・ベーシックインカムの考えに近い）が承認されたことである。経済を回し続け、極端な貧困と飢餓を防ぐための究極の策だ。ただ、実質的には、もっと急進的なことが起こりつつある。このような政策が実行されると、「お金」は従来の資本主義的な形では機能しなくなる。価値法則の制限の枠外で、利用可能なリソースを分配し、社会を機能させ続けるための引換券になってしまうのだ。

もうひとつ、この種の奇妙な逆転を考えてみよう。新型コロナウイルスの感染拡大の副作用として、中国中央部だけでなくイタリア北部でも、空気の質が改善していることがメディアで盛んに報道されている。しかし、もしこれらの地域の気象パターンがすでに汚染された空気を前提としているとすれば、きれいになった空気の影響で、より破壊

32. この情報は、グアテマラの人権弁護士、レナタ・アヴィラから入手した。

的な気象パターン（干ばつや洪水の増加）が生じるのではないだろうか。

このように、訪れつつある環境危機に対峙するためには、ラディカルな哲学的変化が必要である。我々人間は自然の一部であるとか、地球上の自然種のひとつでしかないとか、あるいは、我々の生産プロセス（マルクスが示した人間と自然との物質代謝）は、自然自体の中の物質代謝の一部だとか強調するような、従来の決まり文句などよりはるかにラディカルな変化が必要となる。

問題は、複雑な相互作用を詳細なテクスチャの中でどう説明するかである。コロナウイルスは例外とか不穏な侵入とかではなく、我々の知覚の閾下で何十年も活動してきた特定の種類のウイルスである。ウイルスや細菌は絶えず存在し、時には非常に重要な有用な機能を持つこともある（人間の消化機能は腸内の細菌がなければ維持できない）。

ここで様々な存在論的階層を導入するだけでは十分でない（物体としての人間は、細菌やウイルスの宿主として機能する有機体である。生産者としては、身の回りの自然を集団的に変化させる。政治的存在としては、社会的生活を組織し、その中における闘争に参加する。精神的存在としては、科学や芸術や宗教に充足感を見出すなど）。

「集合体」が意味するのは、平坦な存在論（flat ontology）に向けてさらに一歩進んで、これらの様々な次元が、同一の次元でどう相互作用するかを認識しなくてはならないということである。アクタンとしてのウイルスは、我々の生産的活動や、文化的嗜好や、社会的交通が媒介している。ゆえに、ラトゥールは言う。

> 政治は物的になるべきである。すなわち、価値や信念でなく、モノや問題を中心に展開する「モノの政治（Dingpolitik）」になるべきである。幹細胞、携帯電話、遺伝子組み換え生物、病原体、新しいインフラ、新しい生殖技術が関心ある公衆（publics）を生み出し、それらがこれらの問題についての多様な形の知識や行動を創り出す。それは制度や、政治的関心や、従来の政治の領域を定めているイデオロギーも超えていく。[33]

その意味で、コロナウイルスの感染拡大を、（潜在的な）病原性のウイルス機構、工業化された農業、グローバル経済の急速な発展、文化的習慣、爆発的な国際通信の発達などの集合体と見ることもできる。この感染拡大は、自然と経済と文化のプロセスが極めて密接に結びつき混ざったものである。そして、臆面もなく自認する主体性の哲学者

33. Martin Mueller, “Assemblages and Actor-networks: Rethinking Socio-material Power, Politics and Space,” http:// onlinelibrary.wiley.com/doi/10.1111/gec3.12192/pdf. より。広く普及しているブランダムの規範論的なヘーゲルの解釈は、規範論的な立場や主張と、物質と非物質の生の過程の複雑なネットワークとの「もつれ」を無視しているように思える。

として、私はあと二つ論点を追加したい。

ひとつは、人間としての我々は、複雑な集合体の中のアクタンのひとつだということとだ。ただし、我々が「非人間的な視点」を取り入れ、その視点から我々もその一部を構成するアクタンの集合体を（少なくとも一部は）理解できるのは、まさに主体としてだけである。

二つ目の論点は、「価値と信条」を無視してはならない点である。これらには重要な役割があり、集合体の特定の様態として扱われるべきである。宗教は、教義と制度と社会的・個人的慣習と内密な経験との複雑な構造であり、語られたこと、語られなかったことが、多くは予想されない形で絡み合っている。もし神の存在が完全に科学的に証明されることがあるとすれば、信者自身にも最大級の驚きとなるだろう。同様の複雑さ（というより、亀裂）は、コロナウイルスの拡大に対する反応が遅れた理由を理解するのに役立つ。すなわち、我々の知識が、我々の自然発生的な信念と同期していなかったのだ。

アルフレッド・ヒッチコックの映画『サイコ』の中の、第二の殺人（探偵アルボガストが殺害される）を思い出す。この殺人は、あの悪名高いシャワーシーンさえも上回る、不意打ちだった。シャワー中の殺害も予想しない驚きではあるが、探偵がいるので、我々は何かショッキングなことが起きようとしていると分かっている。シーン全体がそれを示唆するように撮られているのだが、実際にそれが起きると驚く。なぜか。実際に起きると知らされているのに、なぜ最大級の驚きが生まれるのか。

答えは明白。それが起きるとは、どこかで信じていなかったからだ。同じことがコロナウイルスの拡散にも起きたのではないだろうか。疫学者たちはウイルスに警告を発していたし、正確な予測もされて、それが正しかったことはすでに証明されている。

政治家は科学者の意見を聞くべきだと言ったグレタ・トゥーンベリは正しかったが、我々は「予感（トランプがこの語を使った）」のほうに信頼をおく傾向があった。理由は簡単に理解できる。今起きていることは、今までありえないと思われてきたことだからだ。平常な暮らしの基本的な座標そのものが消えてしまいつつあるのだ。

このウイルスに対して我々は当初、すぐに目が覚めるちょっとした悪夢と見なしたのだが、今やそうならないことが分かった。我々は「ウイルスの世界」に生きる術を身につけ、苦しみながらも、新しい生き方を構築しなければならないだろう。

しかし、現在のパンデミックの中にも、もうひとつ、発話と現実の組み合わせが作用している。知識によって媒介された場合にのみ起こりうる、物質的過程が存在するのだ。特定の破滅的状況が起きると言われて、我々はそれを避けようとするが、まさに避けようとするその努力を通じて、破滅的状況を招いてしまう。

古いアラブの「サマラの約束」の物語を思い出してみよう。W・サマセット・モームが改作している。ひとりの召使いがバクダッドの市場まで使いに行き、そこで死神に出会った。死神に見つめられておびえた彼は、帰ってくるなり主人に馬を貸してくれ、一日走って夜にサマラまで行けば、死神も見つけられないだろうからと言った。人の好い主人は召使に馬を貸しただけでなく、自ら市場に行って死神を探し、忠実な召使を脅かしたことを咎める。すると死神は「しかし、脅かそうとしたわけじゃない。あいつをこの市場で見て驚いたのだ。彼とは今夜、サマラで会うはずだったから」と答えた。

もし、この物語のメッセージが、「人の死は避けられないもので、逃れようと身もだえすることで余計に抜け出せなくなる」ということではなく、全く逆、つまり、「運命を逃れられないものと受け入れたら、抜け出すことができる」というメッセージだとしたらどうだろう。オイディプスの両親は、息子が父親を殺し、母親と結婚することを予告されていた。この運命を避けるために両親がとった手段（深い森の中で彼を殺害すること）こそが、天啓を現実にしてしまう。運命を避けようとしなければ、運命は実現しなかっただろう。

これはアメリカによるイラン介入の運命を示した例え話なのではないだろうか。アメリカは原理主義が脅威になる兆候を見て、それを阻止しようと介入し、逆に強化してしまった。脅威を受け入れ、それを無視し、脅威の手から逃れるほうがはるかに有効だったのではないか。

そこで、もとの話に戻る。市場で死神に会った時、召使がこう言ったらどうなっていたか。「何か御用ですか？　私にしたいことがあるなら、やればいい。そうでないなら、消えうせろ！」きっと死神は困惑して、ボソボソと「だって、サマラで会うことになってたから……ここじゃ殺せないんだよ！」と言って（たぶん、サマラに）逃げ去るだろう。

さて、ここに登場するのが、いわゆるコロナウイルス集団免疫計画と呼ばれる「賭け」である。

公式の目標は、感染を管理し破滅的な「第二波」を防ぐための「集団免疫」

34. https://www.theguardian.com/commentisfree/2020/mar/15/epidemiologist-britain-herd-immunity-coronavirus-covid-19

> の獲得である。（中略）人口のかなりの部分、大雑把に言って四十歳までの人は、重症化のリスクが低い。したがって、完璧な世界ならだれ一人感染のリスクに晒したくはないが、現実として、若者たちが免疫を獲得することが、国民全体を守ることになる。[34]

ここでの賭けは、脅威など知らないかのように行動すれば、つまり、無視すれば、分かって行動するよりも、実際のダメージが小さくなるかもしれないという可能性である。保守派ポピュリストはさかんにこれを訴えるが、我々にとってのサマラの約束は経済秩序と生活様式全体だ。疫学者の意見に従って、隔離とロックダウンによってウイルスの影響を最小化しようとすれば、経済崩壊と貧困の破滅的状態を招くだけだと彼らは言うのである。それは、ウイルス感染による比較的わずかな割合の死よりも、はるかに激烈だと。

しかし、アレンカ・ジュパンチッチが指摘しているとおり、[35]「仕事に戻ろう」は、労働者への気遣いを装ったトランプの典型的なペテンである。彼の言葉は、パンデミックで経済的に破綻してしまう一般の低賃金の人々、つまり、自己隔離をする余裕などない

35. 私的会話

人々に向けて発せられている。ここには二重の問題がある。多くの貧しい賃金労働者には、気がつけば貧困がウイルスよりも大きな脅威になっていたという悲惨な状況があり、その大きな原因は、福祉国家の解体に集中してきたトランプの経済政策であることがひとつ。

もうひとつは、実際に「仕事に戻る」人たちは貧しく、一方で富裕層は快適な自己隔離に固執するという点である。ほかの人たちを自己隔離させるために、自分は自己隔離できない人たち——医療従事者や、食料の生産・流通に携わる人たちや、電気や水道の供給を維持している人たちがいる。

さらに、自己隔離する「家」と呼べる場所すらない難民や移民もいる。何千人もが閉じ込められている難民キャンプで、「ソーシャル・ディスタンス」などと言えるはずがあろうか。実際、政府が十四日間のロックダウンを命じたインドでは、膨大な数の人たちが大都会から郊外への脱出を図り、大混乱が発生した。

このような新しい分断は、左派リベラル系が示す憂慮の決定的な限界を表わしている。彼らは、コロナウイルスをきっかけに強化された社会統制が、ウイルスが消えたあとも継続し、我々の自由を侵害すると言う。たしかに、生き延びるためだけのパニックに貶められた個人は、権威主義的な権力の導入の格好の対象である。その危険は極めて現実的であり、その極端な事例が、ハンガリーのヴィクトル・オルバーン首相が、政令によって自らの統治を無期限に可能にする法律を通過させた件だ。

　しかしながら、左派リベラルの憂慮は、今実際に起きていることを見落としている。起きていることは、全く逆だ。権力者たちは、お互いに適切な距離を保ちましょう、きちんと手を洗いましょう、マスクをつけましょうなどと叫び、この危機の結果を我々個人の責任にしようとしているが、現実は正反対である。

　臣民である我々から国家権力に伝えるべきメッセージは、我々は喜んで命令に従いますが、それは「あなた方の」命令であり、我々が命令に従ったとしても、それが完全にうまくいくという保証はないですよ、ということである。国家の運営にあたる者たちがパニックになっているのは、状況をコントロールできていないからだけでなく、彼らの臣民である我々にそのことがばれていると知っているから、である。権力の無能が、今、露呈しているのだ。

　誰もが知る古典的なアニメのシーンがある。[36]猫が断崖絶壁まで来て、足元に地面がなくなっても、知らんぷりで歩き続けている。そして、下を向き奈落を見た途端に落下し

36. おそらく私の著書で、このシーンに一度も言及していないものはない。

始める、あれだ。権威を失った時、政権は断崖絶壁の猫である。落ちるためには、下を見てみろと促されるだけでよい。

しかし、逆もまた真なり。権威主義的な政権が末期的状況に近づく時、概して、二段階で崩壊に至る。実際に崩壊する前に、不可解な亀裂が起きるのだ。突然、人々がゲームオーバーを悟り、もはや怖がらなくなる。政権が正当性を失うだけでなく、権力の行使自体が無能なパニック的反応であると見なされるようになるのだ。

リシャルト・カプシチンスキは、イランのホメイニの革命を描いた名著『王のなかの王』において、この亀裂の瞬間を明確に示している。それは、テヘランのある交差点で警官が「行け」と叫んで命じたのに、一人のデモ参加者が動くのを拒否し、ばつが悪くなったその警官がすごすごと引き下がった瞬間である。

それから数時間でこの出来事はテヘラン中の人々の口にのぼるようになった。路上の闘争はその後も数週間続いたが、誰もがもうゲームオーバーを悟っていた……。[37] 今、同様のことが起きている兆候がある。国家機構は独裁的な権力を蓄えつつあるが、それが政府の基本的な無能さを、なおのことはっきりさせている。

この信頼の崩壊は、人々が国家機構の外で地域的に自己組織化する余地を生むのだが、

37. Ryszard Kapuscinski, Shah of Shahs, New York: Vintage Books 1992 を参照。

だからといって、祝福気分になるのは避けるべきだ。職務を遂行し、少なくともある程度は信用できる効率的な国家が、今まで以上に必要とされているからだ。地域コミュニティーの自己組織化は、国家機構や科学との組み合わせがあってこそ機能する。

だから今、現代科学こそ、隠されたバイアスはあるにせよ、文化を越えた普遍性の支配的形態であることを認めなければならない。科学がこの役割の中で自己主張できる、格好のチャンスをこの感染拡大が作っていると言ってよい。

しかしながら、ここで、新しい問題が生じる。科学の中にも大文字の「他者」、すなわち、我々が完全に頼ることのできる主体、分かっているはずと全面的に期待できる主体がないのである。様々な疫学者が多様な結論に至り、何をすべきかバラバラの提案をする。データとして提示されるものすら、先行理解のそれぞれの領域によって明らかにフィルターされている。

たとえば、ひとりの衰弱した高齢者の死因がコロナウイルスだったかどうか、断定できるのか。今でもコロナウイルス以外の疾病で死亡する人の方が多いという事実は、危機感を緩和するのに利用されるべきではないが、医療制度がコロナウイルスだけを過度に重視したため、緊急とはみなされない疾病の治療（がんや肝臓病の検査など）が延期されることになったのは事実だ。その結果、長期的には、ウイルス自体の直接的な影響よりもコロナ偏重のほうが大きなダメージを生む可能性がある。

もちろん、ロックダウンによる壮絶な経済的影響もある。四月初めまでに南イタリアでは、新たに貧困に陥った人たちの食糧暴動が複数発生し、パレルモでは食料品店の安全対策に警官が動員されている。

本当に、中国式のほぼ完全なトップダウンによる統制か、はるかに緩い「集団免疫」アプローチかの二者択一しかないのだろうか。この点では、科学的知見だけに基づくことはできない難しい判断が下される必要がある。国家権力が感染拡大を言い訳にして、恒久的な非常事態を強制しようとしていると警告するのは簡単だ。だが、そんな警告を発する者たちは、どんな代案を用意しているのだろう。

我々の感染拡大への反応と同時に起きているこのパニックは、権力者が画策したものではない。どんな理由があって、巨大資本が敢えてこの手のメガクライシスの危険を冒すというのか。むしろ、これは偽りのない十分な根拠に基づく警報である。

ただ、もっぱらコロナウイルスだけに注がれるメディアの注目は、中立的な事実に基づいておらず、イデオロギー的な選択が行われている。だとしたらその中で、穏健な陰謀説に身をゆだねることもできないわけではない。既存の世界的な資本主義体制の代表たちが、しばらく前から批判的なマルクス主義批評家が指摘していたことに、気づいているとしたらどうだろう。つまり、我々が知るシステムが深刻な危機にあること、今ある自由放任の形で継続はできないことに気づいていたら？　そして、この代表者たちが、感染拡大を容赦なく利用して、新しい形の統治を強制しようとしているなら？

この感染拡大の最もあり得る結果は、新しい野蛮な資本主義の蔓延である。体の弱った高齢者が、多数犠牲になって亡くなる。労働者は、生活水準の大幅な低下に甘んじるしかなくなる。生活に対するデジタル管理は、永続的なものになる。階級格差は、生か死かの問題に直結するようになる。今、権力者がやむを得ず導入している共産主義的な措置は、果たしてどれほど生き残るだろうか。

だから、「ウイルス危機のおかげで、我々の暮らしの本当の意味を突き詰めることができる」などというニューエイジのスピリチュアルな瞑想で、無駄にしてよい時間はない。本当の闘争は、どんな社会の形が放任資本主義の「新社会秩序（New World Order）」にとって代わるのかをめぐって行われる。それが我々の本当の「サマラの約束」なのだ。

解説　リュブリャナの約束　古い理論の新しい使い方？

斎藤幸平

本書は『Pandemic! Covid-19 Shakes the World』という四月にOrbooksから刊行されたばかりの書籍を、現在の緊急事態についての理解を深めるべく、急遽翻訳したものである。

ジジェクの筆の速さには驚くばかりであるが、この間インターネット上に現れた、一連の新型コロナウイルスをめぐる言説の整理に留まらない独自の論考になっているのは、流石というべきだろう。コロナ禍を「コミュニズム」への契機として昇華する可能性を探っており、ジジェクのコミュニズム論としても読むことができるのだ。

多くの人は、この切羽詰まった時に「コミュニズム？」と思うだろう。ジジェクもそのようなリアクションを意識している（七九頁）。実際、左派だって、それどころではないのだ。ロックダウンの状況下では、デモや集会は行うことができず、困窮者の支援をすることもままならない。しかも、コロナ対策はクラスター対策という名目で、国家やGAFAによる人々の監視を正当化してしまう。かつてないほど他者との連帯が困難になる一方で、国家や資本による私生活への介入は受け入れられやすくなっているのである。

先日、日本でも「新しい生活様式」が政府の専門家会議によって提示されたが、その内容は、食事中の箸の上げ下げまで介入するような勢いである。そして、人々がちゃんと生活様式を守っているかを市民「自警団」が監視し、警察に通報するというディストピアがすぐそこまで来ているようにも思える。

実際、イタリアの哲学者アガンベンは人々のパニックを国家が都合のいいように利用して、「例外状態」を作り出していると批判し、民主主義を守るべく、過剰なウィルスへの反応を止めるよう警告したのだった。

だが、本書のジジェクは、アガンベンと意見を異にする。ソーシャル・ディスタンスは、ひとつの「社会的連帯」であり、これはうちに引きこもることによって、他者との繋がりをこれまで以上に感じる契機になる。一方、現在の政府の対応は場当たり的で、パニックになっているのは、統治に失敗している権力者たちだと言うのである。

確かに、この見立ては、とりわけ日本に関して、正しいのではないか。安倍晋三の対応が「これから二週間が正念場」をいつまで経っても繰り返すだけで、十分なPCR検査も一向にできず、マスク二枚さえも届かない。そして、国民の生活補償も不十分なままである。これで国民のモニタリングを通じて監視と処罰をすると言われても、何の現実味もない。

一方で、今回の「自粛」は、私たちの生活を成立させるのに本当に必要な仕事、「エッセンシャルワーク」の存在を際立たせており、医療、物流、介護、保育、農業などテレワークが不可能な従事する人々への感謝の念が、日本社会でも、かつてないほどに高まっている（怒鳴り散らすトンデモ客はもちろんどこにでも存在するが）。彼らの「疲れ」は、「クリエイティヴ産業」と呼ばれる意味のない仕事からの「疲れ」とまったく違うのだ。前者の疲れには、新しい社会的連帯の契機があるとジジェクは言う（一二六頁）。

さらに、資本主義もはっきりとした機能不全に陥っている。先進国は、マスクや人工呼吸器といった生活に必要不可欠な物資すらも、自分たちで十分な量を作ることができないのである。遂には、政府も耐え切れなくなり、私企業に対して、人工呼吸器や医療用防護服、消毒用アルコールを作成するよう要請するようになっている。これは、一種の計画経済化に他ならない。

コロナ禍は新自由主義を過去の遺物にした。それどころか、利潤を追求するだけの市場原理主義の限界を暴き、人々は、社会の再生産にとって必要な「使用価値」の生産に重きを置くような経済のあり方を求めるようになりつつある。ジジェクによれば、これは社会が生き残るためのコミュニズム、「戦時共産主義」だというわけだ（七七頁）。

当然のことながら、戦時コミュニズムは脆い。危機が過ぎ去ってしまえば、相互扶助の共同体は瓦解してしまうからである。東日本大震災後のことを思い出せばいいだろう。

そして、その後にやってくるのは、ナオミ・クラインの言う「惨事便乗型資本主義」だと、ジジェクは警鐘を鳴らす。いや、それはすでにやってきていると言うほうが正しいだろう。日本でも、「種苗法改正の審議入り」「年金給付開始75歳、審議入り」、「緊急事態条項をめぐる改憲論議」といった火事場泥棒的案件は山積みである。

ジジェクの要求はこうだ。この事態を収めるためにも、ソーシャル・ディスタンスを通じて社会的連帯を高めよう。そして、国家に対しては、「自分たちは従う、だから、ちゃんと統治しろ（どうせできないだろうが）」という態度で、強い要求を行おう。今日本では、「#俺たち自粛お前は辞職」というハッシュタグが広がっているが、「権力の無能さ」が露呈している今こそ、この態度こそが正しいのかもしれない。危機の瞬間においては、すべての可能性の扉は開かれている。その先に待っているのが、本当の「サマラの約束」なのである。

＊　＊　＊

実は、私にも、コロナ禍によって果たせなかったジジェクとの「約束」がある。本当であれば、三月半ばにスロヴェニアを訪れて、ジジェクに会う予定だったのだ。だが、新型コロナウイルスの感染がイタリアで深刻化し始めたため、ジジェクが高齢であることも考慮して、結局リュブリャナでの面会は果たされないままに終わってしまった。

この「リュブリャナでの約束」のきっかけとなったのは、今年の一月、The Philosophical Salon というLos Angeles Review of Books が運営するにサイト上に、ジジェクが「亀裂は何処に？　マルクス、ラカン、資本主義、エコロジー」という記事を投稿したことだった。その後も、さらに二本の記事が立て続けに投稿されるのだが、それらはどれも拙著 *Karl Marx's Ecosocialism: Capital, Nature, and the Unfinished Critique of Political*

Economy（New York: Monthly Review Press, 2017）〔邦訳『大洪水の前に』（堀之内出版二〇一九年）〕を批判的に扱う書評だったのである。

ジジェクの主張は、マルクスの二元論が現代において時代遅れになっているというものであった。マルクスの環境思想の中心には、「物質代謝の亀裂」（metabolic rift）というのがある。大雑把に言えば、マルクスは、人間と自然の関係性が資本の無限の価値増殖によって大きく攪乱され、歪められることを問題視していたのである。そして、私やジョン・ベラミー・フォスターは、この「亀裂」という概念が、晩年のマルクスの経済学批判においてますます重要性を増していったことを示し、この「亀裂」概念を中心に据えて、気候変動に代表される現代のグローバルな環境危機を論じてきたのである。

かつて、ジジェクは、アラン・バディウとともに、「エコロジーは大衆のアヘンだ」と言い放ち、マルクス主義における環境問題の重要性を過小評価してきたきらいがあった。それに比べると、本書では、コロナ禍が今後到来する気候危機との関連で論じられるなど、ジジェクの環境問題への関心が増しているのは注目すべき変化だと言える。

ところが、ジジェクは、まさにこのエコロジーという領域でマルクスから離れていってしまう。先にも述べたように、ジジェクが問題視するのは、「亀裂」という概念が想定する「社会」と「自然」を分離する二元論的思考である。ジジェクによれば、「人新世」の時代においては、人間と自然の関係性はもっと複雑に混ざり合っており、両者を静的に分離することは正当化されない。自然はもはや社会的なものから分離して存在せず、ルカーチが『歴史と階級意識』で述べたように、「社会的カテゴリー」になっているというわけだ。

ジジェクの「自然の終わり」という主張は、すでに『大義を忘れるな』や『真昼の盗人のように』でも展開されていたものである。だが、今回の本の最終章「サマラでの約束」においては、より一層踏み込んで、この問題が展開されている。ジジェクは、マルクスに言及しながら、マルクスのように「私たちの自然との物質代謝」が「自然そのものの物質代謝の一部」（百五頁）であることを強調するだけでは不十分だと断言する。そして、今後やってくる環境危機に立ち向かうためには、「もっとラディカルな哲学的変化」が必要だとされる。

だが、問題はここからだ。そこで肯定的に言及されるのが、ブルノ・ラトゥールやニュー・マテリアリズムなのである。つまり、ジジェクのいう「ラディカルな哲学的変化」は、人間の主体性を特権的に扱い、モノを受動的なものとみなしてきた近代的哲学観を捨て、モノ全体に行為主体性を分配し直し、「アクタン」として扱う「平坦な存在論」（flat ontology）を受容することなのである。

パスツールの酵母菌がラトゥールのお気に入りの例であるが、まさに、今回のコロナウイルスも、アクタンとして最適な例だというわけだ。人間でも、モノでもないウイルスが、社会全体をかき乱し、経済や法、科学を規定しつつある。このような状況下では、人間の主体性だけを論じるだけでは不十分であり、人間とモノの集合体として捉えるような思想が、まさに今回の危機によって浮かび上がってきていると、ジジェクは考えるのだ。

こうした議論が、ラカンの精神分析を軸にした、これまでのジジェクの主体性の理論とどのようにして整合性を保つことができるのかは不明なのだが、この問題は、ここでは置いておこう。むしろ、先に論じたコミュニズムの理念との関係性で言えば、ラトゥールのアクターネットワーク理論が、パンデミックと資本主義の関係性についての批判的理解を、どれだけ深めてくれるかという問題が重要である。

これまでに、マルクス主義の側からは、すでにラトゥールやニュー・マテリアリズムに対する批判がさまざまな形で展開されている。ひとつのポイントは、ウイルスが能動性を持っているとしても――ウィルスは石とは違うのだから、そのこと自体は自明である――、今回のように爆発的に世界全体に感染症が広がり、そして医療崩壊寸前の事態を引き起こしているのは、やはり、資本主義のグローバル化や、新自由主義の緊縮政策といった純粋に社会的な要因に起因するということだ。

そして、エッセンシャルワークに従事する、しばしば低賃金の労働者がより大きなリスクに晒されたり、学校閉鎖の影響で生活困窮世帯の子どもたちに学習遅延が生じたりすることで、貧困の連鎖は加速していく。だが、これらの社会問題を考える際には、「アクタン」という概念に頼る必要はなく、むしろ、歴史的に特殊な資本主義の社会的関係を分析する必要があるということだ。むしろ、ウィルスの行為主体性という問題への傾倒は、社会的問題の本質を見失わせるイデオロギー的な効果を持ってしまうのではないか。

もし、そうではないと言うなら、ジジェクがこれまで孤軍奮闘で擁護してきたコミュニズムに向けた階級闘争にとって、「ラディカルな哲学的変化」がどのような実践的意義を持つのかを説明すべきだろう。このままでは、「人間中心主義的な価値観をやめて、自然の能動性も認めよう」という、よりにもよってジジェクが最も嫌いそうな「ディープ・エコロジー」という古い理論の蒸し返しになってしまうのではないか。

そう、こんな不躾な疑問を本人に直接ぶつけられる日が来ることを願っている。そして、そのためにも、ジジェクのように、私も自粛をしながら、エッセンシャルワーカーたちとの連帯の道を模索し続けたい。

二〇二〇年五月五日

マルクスの二〇二回目の誕生日に

ele-king books

パンデミック　世界を揺るがした新型コロナウィルス

2020年7月24日　初版印刷
2020年7月24日　初版発行

著者　スラヴォイ・ジジェク
監修　斎藤幸平
翻訳　中林敦子

編集　大久保潤（Pヴァイン）
装丁　北村卓也

発行者　水谷聡男
発行所　株式会社Pヴァイン
〒150-0031
東京都渋谷区桜丘町21-2 池田ビル2F
編集部：TEL 03-5784-1256
営業部（レコード店）：
TEL　03-5784-1250
FAX　03-5784-1251
http://p-vine.jp

発売元　日販アイ・ピー・エス株式会社
〒113-0034
東京都文京区湯島1-3-4
TEL　03-5802-1859
FAX　03-5802-1891

印刷・製本　シナノ印刷株式会社

ISBN　978-4-909483-58-4